編著········ 中野 真志・加藤 智

資質·能力時代の
総合的な
学習の時間

知性と社会性と情動のパースペクティブ

三恵社

刊行にあたって

　平成29年3月に幼稚園教育要領，小学校学習指導要領，および，中学校学習指導要領が改訂された。教育課程全体を通して育成を目指す資質・能力が (1) 生きて働く「知識・技能」の習得，(2)「思考力・判断力・表現力等」の育成，(3)「学びに向かう力・人間性等」の涵養の三つの柱に整理され，各教科等の目標と内容に関しても，この三つの柱に再整理された。まさに，資質・能力の時代と言える現在，教育界においては，二つの趨勢が見受けられる。一つは，思考力・判断力・表現力等の育成を強調する動向であり，これらは，「思考ツール」の使用や言語活動の充実といった取組に象徴される。もう一つの動向として，学びに向かう力・人間性等として整理されている「非認知的能力」や「社会情動的スキル」といった資質・能力の育成が重視されている。グリット，成長マインドセット，および，レリジエンスへの注目もその動向の一つと言えよう。

　これらの動向は，資質・能力の認知的側面と非認知的側面，どちらかに対する着目や重視と解釈することができる。しかし，教育学において以前から知情意，陶冶と訓育の統一等，人格を全面的に発達させることが主張されてきたように，これらの側面は不可分である。それゆえ，資質・能力の認知的側面と非認知的側面を一体的に捉え，それらを育成する理論と実践を提案することを目指し，本書のタイトルを『資質・能力時代の総合的な学習の時間——知性と社会性と情動のパースペクティブ——』とした。

　本書は，アメリカにおける社会性と情動の学習 (Social and Emotional Learning) の学習理論をベースとしているが，それに「知性」(Intelligence) を加え，知性と社会性と情動を一体的に育成する総合的な学習の時間を提案する。知性とは，諸学問における体系的な知識や探究方法を日常生活における経験に接続し発展させること，そして，学問自体の魅力や意義を実感したり知的探究心を喚起したりすることと捉えられる。前者は，コンピテンシーや21世紀型スキル等で言及されてきたことであり，後者は，数学，歴史学，生物学，文学，芸術等，そのものの楽しさや面白さ，奥深さに触れることである。それは，人類の文化遺産の継承と発展という学校教育の機能，主に教科教育の役割を尊重することを意味する。教師は万能な存在ではない。また，教師の専門的知識と能力にも限界があるが，子どもたちの学びの場が学校に限定されない総合的な学習の時間は，多種多様な体験や活動を通して知性と社

会性と情動を一体的に育成する学習機会を提供できると思われる。

　本書では，現代につながる非認知的能力やコンピテンシーの主要な研究に関して，D. ゴールマンの情動知能 (EI) や OECD の社会情動的スキル，および，社会性と情動の学習 (SEL) を中心に概観した。そして，総合的な学習の時間で育成される資質・能力について，知性，社会性，情動の視点から解釈を試みた。また，心理学黎明期に認知的能力と非認知的能力の統一的な育成を目指したデューイ実験学校の知性と道徳性の一体的涵養を図る研究，第二次世界大戦後の新教育期において育成が目指された非認知的能力に関する研究などの知見を組み込んだ。加えて，創設期における総合的な学習の時間の実践が目指した認知的能力や非認知的能力の調和的な成長についても考察した。さらに，知性と社会性と情動を一体的に育成する総合的な学習の時間の授業実践や単元計画の作成に関しても具体的な事例を基に論じた。しかし，我々の力量と本書での限られた紙幅で総合的な学習の時間で育成される知性や社会性，情動を過不足なく論じられたとは言えない。今後，研究の蓄積が必要である。本書の副題に「パースペクティブ」と冠しているのは，研究途上であるが，この研究分野における現時点での見通しや展望を示すことを目指したからである。

　なお，本書は，JSPS 科研費 JP21K02503 を受けて行われた研究成果の一部であり，本書の著者にはその代表者及び分担者が含まれている (2021 年度〜2024 年度，基盤研究 (C)「総合的な学習（探究）の時間における非認知的な能力の育成に関する開発的研究」)。その筆者たちの他，教育現場で日々実践に携わっている教育者・実践者も執筆者である。各分担部分では，それぞれの文脈に沿って論が構成されている。それゆえ，本書全体を通して見ると，一部に内容の重複，表記や記述のスタイルの違いがあるが，理論の多様性の担保や今後の研究の発展の余地を残す意味で，調整や統一は行っていない。その点での読みにくさについてはご容赦を願いたい。

　教職志望で勉学に励みながら将来の教師像を思い描いている学生，教壇に立って間もない，あるいは初めて総合的な学習の時間を担当することになった現職教員，総合的な学習の時間の理論と実践について一層研鑽を深めたいと考えている実践者や研究者の方々が本書を手にとっていただけると幸いである。

　最後に，本書の刊行に際して，三恵社の方々には，終始ご懇切な配慮をいただいたことに深い謝意を表したい。

2023 年 3 月

編著者

目　次

1章　知性と社会性と情動のパースペクティブ

はじめに

　非認知的コンピテンスへの関心が，近年，急速に高まっている。それらは非認知的能力，非認知的スキルと表現されることも多く，粘り強さ，好奇心，自制心，誠実さ，社会情動的な性質等であるとも言われている。教育界におけるこのような情勢は，2015 年に経済開発協力機構（OECD）により『社会進歩のためのスキル——社会的・情動的スキルの力——』（*Skills for Social Progress: The Power of Social and Emotional Skills*）[1]という報告書が刊行されている事実からも明らかであろう。日本において，この報告書は，2018 年に『社会情動的スキル——学びに向かう力』[2]と題して既に翻訳出版されている。他の先行研究としては，中山芳一著『学力テストでは測れない非認知能力が子どもを伸ばす』[3]や，遠藤利彦（研究代表者）による「非認知的能力（社会情緒的能力）の発達と科学的検討手法についての研究に関する報告書」[4]がある。

　アメリカでは，M.J. イライアス（Elias）他によると，社会性と情動を発達させることは，学校教育の重要な部分であると考えられるが，どういうわけか，これまで避けられてきた「欠落部分」（the missing piece）であったという[5]。では，社会情動的コンピテンスとは何か。それは，学習，人間関係形成，日々の問題解決，成長や発達にともなう複雑な要求に対する適応等，生活における諸課題を上手く処理できる方法を通して，生活上の社会情動的側面を理解し管理し表現する能力である[6]。そして，社会性と情動の学習（SEL）（以下，SEL と称す）とは，子供や大人が社会情動的コンピテンスを習得するために必要なスキル，態度，価値を発達させる過程である。1990 年代後半以降，この欠落部分に対応する教育活動である SEL が，学校教育を改革し再構築する上で注目され発展している。

　このように SEL が注目され発展し始めた頃，1995 年に D. ゴールマン

（Goleman）の『情動知能——なぜ，それがIQ 以上に重要であり得るのか——』（*Emotional Intelligence: Why it can matter more than IQ*）[7] が出版された。そして，『タイム』（*Time*）誌の 1995 年 10 月 2 日号で全 9 頁にわたり特集が組まれ，その内容が紹介された [8]。その表紙では EQ の文字が強調され，「あなたの EQ はどれほどか。人生で成功できるかどうかの最善の予知因子は，IQ や IQ の数値ではなく，情動知能であり，それが賢明さを再定義するであろう。」と書かれていた。この記事が話題となり，こころの知能指数（EQ）という言葉が，たちまち全米社会に普及した。

　以下，本章では，ゴールマンの『情動知能』，OECD の社会情動的スキル，アメリカにおける SEL を概観することにより，「知性と社会性と情動のパースペクティブ」という本書で提案する総合的な学習の時間における学習活動の根源的視座の前提としたい。

I　D. ゴールマンの情動知能（EI）

　『ニューヨーク・タイムズ』（*The New York Times*）の記者であり，心理学者（ハーバード大学で心理学博士を取得）でもあったゴールマンの『情動知能』は 1996 年に出版され，36 週連続してベストセラーにランキングされた。日本においては，早くも 1996 年に土屋京子訳により『EQ こころの知能指数』[9] が出版された。訳者によれば，厳密にいえば多少正確さを欠いているが，EQ という言葉は IQ と対をなす emotional intelligence の意味を感覚的に上手く捉えているので，著者本人の諒解を得て，日本語では同義語として使用したという。

　H. ガードナー（Gardner）は，1999 年の『知能の再構成——21 世紀のための多重知能——』（*Intelligence Reframed: Multiple Intelligences for the 21st Century*）において，ゴールマンの著書を大衆向け商業出版社により刊行された簡潔な本であり，少しの散在した統計が示されているだけで逸話に満ちていると批判する一方で，これまで出版された社会科学の本の中のベストセラーであると書いている [10]。ゴールマンの著書は，1998 年時点で，世界中で 300 万冊以上が売れ，ブラジルや台湾などでも，異例の長期にわたるベストセラーに

なった。そして，ガードナーは，ゴールマンの著書の要点を下記のように簡潔に述べている。

『情動知能』で，ゴールマンは，我々の人間社会が非常に重要な一連のスキルと能力，すなわち，人々と感情を扱うスキルと能力をほとんど無視してきたと主張した。特に，ゴールマンは，自己の生活の情動的側面を認識すること，自己の情動を調整すること，他者の情動を理解すること，他者と協力できること，そして，他者に共感することの重要性について書いた。彼は特に子供たちにこれらの諸能力を高める方法を記述した。より一般的に，彼は，もし我々が今，認知的知能を促進しようとしているのと同じくらい熱心に情動知能を育成しようとするならば，世界はより幸せになり得ると主張した[11]。

　ゴールマンがこの本を執筆した当時，この用語はほとんど知られていなかった。それは，イエール大学教授，P. サロベイ（Salovey）と彼の大学院生であった J. メイヤー（Mayer）が，1990 年の心理学雑誌に書いた論文で提案したアイディアであった[12]。ゴールマンは，彼らの論文を読み，その概念に感動した。情動知能とは，まさに情動と知能を統合する概念であった。ゴールマンは，情動だけでなく子供の発達に関する幅広い科学的知見，さらに，感情の神経科学，情動と脳の研究成果をその本の中に採り入れ，教育の新たな展望，その優れた機能を表現する枠組みとして，その用語を使用したと述べている[13]。その後，彼の本は40 カ国語以上に翻訳され，その多くがベストセラーとなった。

　今日，情動知能は，インターネットのウェブ上で幅広く使用され続けているが，ゴールマンは，そこには次のようないくつかの誤解があり，それを一掃したいと主張している[14]。例えば，ある人にとって，情動知能は，個人の成功の理由の80％を明示しない。この誤解は，IQ が仕事上の成功の最高 20％までの理由を説明するかもしれないと示唆するデータの読み間違いに由来している。成功の可能性を高める情動知能とは別の他の多くの要因がある。それから，情動知能は常にIQ よりも重要であるという誤解がある。情動知能は健康との関係に

なると，確かにIQよりも重要であり得るが，例えば，学業成績ということになると確実ではない。もう一つ，情動知能を有する人は素晴らしいという誤解である。事実，情動知能によって，人は無愛想になったり，断定的になったりする。

　さらに，ゴールマンは，「情動知能」には多様なモデルが存在し，彼自身の情動知能に関する見解も，最初の本が公表されて以降，進化し続けていると述べている[15]。『ハーバード・ビジネス』誌（*Harvard Business Review*）の1998年における彼の論文「何によってリーダーとなるか」（What makes a Leader?）において，情動知能は，五つの構成要素，すなわち「自己への気付き」，「自己調整」，「動機付け」，「共感」，「社会的スキル」から成っている[16]。しかし，ゴールマンによれば，その後の研究では，表1に示すように，これらの二つの領域「動機付け」と「自己調整」が，情動的な「自己管理」に整理されたと述べている[17]。

　ゴールマンの情動知能モデルには，三つのレベル，すなわち，「脳の回路」，「脳の回路から生じる領域」，「情動知能の各領域に依存するコンピテンシーズ」が存在する。第一に情動に影響を及ぼす「神経回路」がある。特に，脳の実行機能の中心である前頭前野と，一方では動揺の引き金となり，もう一方では我々を動機付ける情動の回路，特に扁桃核との間にダイナミックな関係がある。情動知能の「自己への気付き」と「自己管理」は，この脳の活動に依存している。そして，共感，調和（attunement），同調（synchrony）という社会的諸機能を果たす前脳には一連の回路がある。共感と社会的技能は，主にこれらの社会的な脳の回路の活動から生じる。それゆえ，これらの神経の主要路は，表1に示すゴールマンの情動知能モデルの四つの領域，「自己への気付き」，「自己管理」，「社会的な気付き」，「関係性の管理」という第二の「脳の回路から生じる領域」を補強するのである。そして，第三のレベルである，表1に示すような12の鍵となる情動知能のコンピテンシーは，これらのいずれかの領域に依存している[18]。

表1

自己への気付き：情動的な自己への気付き
自己管理：情動的な自己制御，適応性，達成，積極性（positivity）
社会的な気付き：共感，組織的な気付き
関係性の管理：影響力，葛藤の管理，鼓舞，コーチ，チーム・ワーク

　ゴールマンによれば，彼の情動知能へのアプローチは，ハーバード大学の大学院時代にさかのぼるという。ゴールマンがハーバード大学大学院に在学中，D. マクレランド（MaClelland）は彼のメンターであった。当時，マクレランドは，職務上で卓越した業績を上げる人に共通の特有なコンピテンシーを明らかにしようとしていた。そして，雇用主が，それらのコンピテンシーに適合する能力をもつ人々を雇い，また，これらと同じコンピテンシーの発達を支援するよう要請していた。このような研究成果から，「コンピテンスのモデル化」という研究分野が生まれた[19]。

　さらに，R. ボヤツィス（Boyatzis）が，同時期にハーバード大学大学院に在籍していた。彼は，コンピテンスのモデル化という分野の創設者の一人であり，現在，ケース・ウェスタン・リザーブ大学のウエザーヘッド経営大学院の著名な教授である。ゴールマンの情動知能モデルのコンピテンシーは，R. ボヤツィスの初期の研究だけでなく，彼の同僚, H. マクバー（McBer），特にスペンサー夫妻（Spencer, S & Spencer, L.）の研究に由来している。そして，ボヤツィスの統計学の優れた能力により，情動知能に基づく20のコンピテンシーを12に精査できたという[20]。

　ゴールマンは，このモデルの「自己管理」のコンピテンシーは，現在，流行となっていると主張する。すなわち，積極性は「成長マインドセット」，達成することは「グリット」，適応性は「アジリティ」，情動調整は「レジリエンス」と呼ばれ，異なる名称で表現されているというのである[21]。

　確かに，ゴールマンの主張するように，それらの用語には共通性と類似性があると思われるが，「成長マインドセット」，「グリット」，「アジリティ」，「レジリエンス」という言葉が注目され使用される社会・文化的背景と要因を詳細

に研究することが必要であろう。しかし，上述の情動知能の四つの領域の中で，「自己管理」が今日，最も注目されていることは明らかである。さらに，ゴールマンが情動知能の四つの領域がそれぞれ重要であり，それらを単独で扱うことの問題を指摘している。それは，本章のⅢ節で論じるCASEL 5の相互関係的なコンピテンス領域でも強調されていることである。

　今後，人工知能（AI）の出現と進化が，労働市場に多大な影響を及ぼすことは明らかであろう。総務省の令和元年の通信白書で「AIによる雇用への影響に関する様々な分析結果」が掲載されている。例えば，AIによって代替される可能性が高い職業としては，運輸・輸送，事務，生産工程，建設など，代替される可能性が低い職業としては，医療，介護，管理，経営，教育，芸術などが示されている[22]。

　ゴールマンは，「相互作用している瞬間に人々が表現する情動的なメッセージは，AIの能力をはるかに超える。特に人間関係や直接的なコミュニケーションにおいて情動を感知し管理することは，依然としてAIを困惑させる知能の一つとして残る。これは，情動知能に関わる人々と仕事が機械に置き換わる心配はないことを意味する」[23]と主張している。すなわち，情動知能に優れた人々が労働市場で高く評価されるというのである。

　このように情動知能が，将来の労働市場で重視されることは明らかであるが，ゴールマンの当初の焦点は教育，現在，SELと呼ばれている領域にあった。彼は，『情動知能』で「もっともなことだが，新しいトピックスや議題の急増によりカリキュラムが既に過密状態であると感じていて，別のコースのために基礎教科の時間を取るのに抵抗する教師もいる。だから，情動教育の新たな方略の一つは，新しい授業時間を設定するのではなく，既に教えられている他のトピックスで感情や関係性の授業を融合することである。情動の授業は，読解，書き方，保健，理科，社会，他の標準的なコースに自然に組み込むことができる。」[24]と述べている。さらに，彼は，その本が出版される前年の1994年に「学術的，社会的，情動的な学習の協働」（Collaborative for Academic, Social, and Emotional Learning）（以下，CASELと称す）を共同設立した。この組織は，今日まで，アメリカでSELの拡大を促進し，その効果性を評価する

研究を奨励し，最善の実践拡大を促進し続けているが，その内容の詳細については本章のⅢ節で述べる。

　ゴールマンによれば，MITのピーター・センゲ（Senge）との共著『三重の焦点 —— 教育への新しいアプローチ ——』(*The Triple Focus: A New Approach to Education*)[25] において，将来のSELに対して次の三つが提案されているという。第一は，マインドフルネスが「自己への気付き」と「情動の管理」を促進する一つの明確な方法であること，第二は，鼓舞という訓練を通してケアリングと思いやりを促進すること，第三は，SELの次の段階がシステムの学習を含んでいることである。

　これらのすべての要点を組み込む一つの学校プログラムは，アメリカのジョージア州のエモリー（Emory）大学で開発された。社会的，情動的，倫理的学習（あるいは，SEE学習）と呼ばれる，そのプログラムは，2019年に正式にインドのニューデリーで着手され，既に，いくつかの国々の学校でも実践されている。SEE学習は，CASELの最善の実践ガイドラインに従い，そして，生徒がマインドフルネスを学び，倫理と思いやりを啓発し，一つのシステム思考的なレンズを通した諸解決の発見を支援することを重視している。ゴールマンは，それがSELをさらに発展させるための一つのモデルであると主張する[26]。

Ⅱ OECDの社会情動的スキル

　『社会進歩のためのスキル —— 社会情動的スキルの力 ——』という報告書は，2015年にOECD教育研究革新センターにより刊行された。それは，社会情動的スキルに焦点化した「教育と社会進歩プロジェクト」での3年間の分析調査を整理した報告書であった。この報告書では，OECD加盟国とそのパートナー諸国における国際的なエビデンスに基づき，社会情動的スキルを育成するための有望な方策が述べられている。ここでは，まず，この報告書で示された認知的スキルと社会情動的スキルの枠組み[27]である図1について述べる。

　認知的スキルに関して，この報告書で提示された枠組みでは，「基本的認知的能力」，「獲得された知識」，「外挿された（extrapolated）知識」を区別し，そ

の多様性を反映している。そして，認知的スキルを「知識，思考，経験を獲得する精神的能力，および，獲得した知識をもとに解釈し熟考し外挿する精神的能力」と定義し，そこには基本的認知的能力であるパターン認識，処理速度，記憶，そして，獲得された知識を利用し抽出し解釈する能力，さらに外挿された知識，既知の事柄から未知の事柄を推定する能力，すなわち，情報を熟考し推論し，その結果，目前の問題に取り組む今までにない方法を概念化するというより複雑な過程を含んでいる[28]。

図1　認知的スキルと社会情動的スキルのフレームワーク

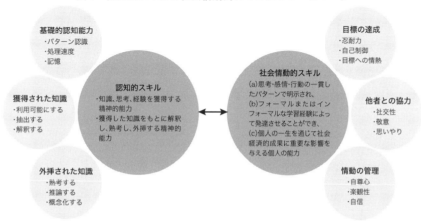

社会情動的スキルに関しては，「(a) 思考，感情，行動の一貫したパターンで現れ，(b) フォーマル，もしくは，インフォーマルな学習経験を通して発達可能であり，(c) 個人の一生を通じて社会経済的な諸成果に対する重要な原動力となり得る個人の諸能力」と定義され，「目標の達成」（忍耐力，自己制御，目標への情熱），「他者との協力」（社交性，敬意，思いやり），「情動の管理」（自尊心，楽観性，自信）が含まれている[29]。以下，この報告書の要点が簡潔に述べられている第6章「社会情動的スキルを育成する方法」を中心に，適宜，他の章の記述も含め論じる（強調は原典）。

　子供たちが人生の成功を達成し，社会進歩に貢献するためには，均衡のとれた一連の認知的スキルと社会情動的スキルが必要である。

教育や労働市場で成果を上げるためには特に認知的スキルが必要である。リテラシー，学習到達度テスト，学業成績等の認知的スキルのレベルは，特に高等教育への進学率，労働市場での結果に大きな影響を及ぼしている。そして，社会情動的スキルは，より健全なライフスタイル，積極的な市民的資質を促進し，生活の満足を高め，より安全な社会にするために社会情動的スキルが重要な役割を果たす[30]。調査結果によれば，誠実性，社交性，情緒的安定性は，子供たちの将来の可能性に影響を与える重要な社会情動的スキルである[31]。しかし，認知的スキルと社会情動的スキルは肯定的な行動と成果を生み出す上で，必ずしも分離して作用するのではなく，相互作用し影響し合い，スキルに対する過去の投資の上に漸進的に形成される。これが早期投資の重要性の根底にある。従って，政策立案者にとって社会情動的スキルは認知的スキルと同様に重要である。

　目標を達成し他者と効果的に協力し情動を管理する子供たちのコンピテンスは，彼らの人生における成果を改善するのに役立つ。忍耐力，社交性，自尊心のような社会情動的スキルは重要な役割を果たす。

　介入的研究の再検討だけでなくOECDの実証的研究によるエビデンスは，社会情動的スキルが子供たちの生涯の成果を推進することを指摘している。これらは，目標の達成，他者との協力，ストレスの多い状況の管理など，異なる人生の状況で役立つようなスキルである。そのエビデンスは，忍耐力，社交性，自尊心が，子供たちと社会が恩恵を得る社会情動的スキルであることを示している。社会情動的スキルが健康面の向上と反社会行動の抑制に対して重要な役割を果たすことが示された。例えば，スイスでは自尊心の向上により抑鬱が減少した[32]。ニュージーランドでは，8歳時の忍耐力，責任感，社会的スキル等の社会情動的スキルを高めると16歳時の飲酒，喫煙，薬物乱用，暴力等の発生率が減少した[33]。しかし，すべての社会情動的スキルが社会経済的成果をもたらすわけではない。例えば，ノルウェーでは，外向性のような社会情動的スキルの向上により，鬱病は減少したが，肥満が増えたというエビデンスもある[34]。必要なスキルについて繊細な見方をすることは重要である。

　社会情動的スキルは，学習環境を改善すること，介入プログラムを結集する

ことにより向上できる。

　個人が活動や課題を首尾よく一貫して遂行できる社会情動的スキルは学習され得る。学習を通して形成され育成され得るのである。OECD 加盟国の数カ国におけるエビデンスによると，施策の改革，教師による新機軸，保護者の努力を通して，子供たちのスキルを向上させる領域がある。成功した介入プログラムの共通した諸特徴は，①保護者，教師，指導者，子供の間の温かい支援的な関係を通して愛情を強調することとメンタリング，②家庭，学校，職場，地域社会の枠を超えて学習環境の質の一貫性を確保すること，③子供たちと教師のためには系列性があり（Sequenced），活動的で（Active）焦点化された（Focused）明示的な（Explocit）（SAFE）学習の実践に基づいたスキルの訓練を提供すること，④幼児期から青年期にかけてプログラムを導入し，以前に行われた介入を引き続き行い補完することである。

　①に関して，米国の SEL においては，最も効果的なプログラムが SAFE という四つの要素，全てを組み込んだ実践であることが実証されている。また，それは放課後プログラムでも同様である。なお，SEL の学校単位での介入に関する大規模なメタ分析のエビデンスから多くの教訓が実証されている[35]。これに関しては次節で，CASEL の取り組みを中心に論じる。

　エビデンスにより「スキルがスキルを生む」ことが示され，そして社会情動的スキルへの早期投資が，社会経済的に恵まれない人々の生活における見通しを改善し，社会経済的な不平等を少なくする上で重要である。

　子供たちは，人生の早い時期に発達したスキルを基礎に他のスキルを築いていく。スキルがスキルを生むとは，子供たちの現在のスキルのレベルは将来のより多くのスキルを習得する度合いを決定することである。これは，部分的にはより高度なスキルをもつ者は新しい学習投資と文脈からより多くの恩恵を得るという事実である。それゆえ，初期の投資が最大の利益をもたらし，より高いレベルのスキルと大人での肯定的成果を保証することが重要である。認知的スキルの発達における敏感期は子供たちのライフサイクル初期に生じる一方で，社会情動的スキルの発達の好機は児童期後期と青年期にも継続するというエビデンスがある。

例えば，米国ではアベセダリアンプロジェクトやペリー就学前プロジェクトが提供する幼児期における投資は，学校での学習効率を高め，初期投資から何年も経過した後の問題行動を減少させたことがエビデンスで示されている[36]。教育，労働市場，社会的成果の不平等を減少させる効率的方法の一つは，最も恵まれない子供たちに対して，社会情動的スキルへの投資を幼児期から学齢期を通じて十分に行うことである。

　社会情動的スキルの定期的なアセスメントは，学習環境を改善し，確実にスキルの発達に資する価値ある情報を提供できる。

　社会情動的スキルは，少なくとも文化的言語的境界内では意味のある測定が可能だ。いくつかの既存の尺度によって子供たちの人生の様々な成果を予測することができると示されている。例えば，カナダのブリティッシュ・コロンビア州において，学校は，教育省で開発された「社会的責任」というパフォーマンス基準を任意で利用できる。その基準は，四つのアセスメント規準，すなわち，①学級と学校という共同体への貢献，②平和的方法による問題解決，③多様性の尊重と人権の擁護，および，④民主的な権利と責任の行使を含んでいる。幼稚園から第3学年，第4学年から第5学年，第6学年から第8学年，第8学年から第10学年という異なる学年集団のための四つの尺度があり，そのアセスメントは，教室と運動場の両方における長期的で累積的な観察に基づいている[37]。関連のある社会情動的スキルの適切な尺度は，それらが定期的に収集されるならば，政策立案者，教師，保護者に社会情動的スキルの欠如や傾向に関する価値ある情報を提供できる。学習環境に関する情報とともに当該スキルの優れた尺度は，子供たちの社会情動的な発達に結びついた学習の文脈と投資を明らかにするのに役立つだろう。この情報は，教育政策の優先事項を識別する必要のある政策立案者，カリキュラムや課外活動を改革する必要のある学校，家庭学習の環境や子育ての実践を調整する必要のある保護者にとって価値がある。また，社会情動的スキルの測定は，子供たちの人生における成功と社会の進歩を促進する上でこれらのタイプのスキルが重要であるという意識を高めるのに役立つのである。

　OECDの加盟国とそのパートナー経済圏の政策立案者は社会情動的スキルの

重要性を認めているが，これらのスキルの発達のために学校や家庭が利用できる施策とプログラムのレベルには相違がある。

OECD 加盟諸国のほとんどの教育システムは，自主性，責任感，他者と協力する能力のような生徒の社会情動的スキルを発達させる必要性を認めている。社会情動的スキルを発達させるのに役立つ授業実践と素材を提供するいくつかの地域での実験的な戦略は存在するが，学校と家庭がこれらのスキルを発達させるのを支援するのに得られる施策とプログラムの総計には相違がある。さらに，社会情動的スキルを向上させるために明確にデザインされた施策とプログラムが，教育システム全体で存在していることはまれである。また，子供たちの社会情動的スキルを結集する最善の方法についての利害関係者たちの知識，期待，能力には大きなギャップが存在する。詳細なエビデンスに基づくガイドラインを幅広く普及させることは，そのギャップを減少させ，限られた情報と経験しかもたない教師たちを勇気づけることに役立つであろう[38)]。そして，地域的な戦略の情報を幅広く利用できるようにすること，また，安定したアプローチを確認するためにシステム・レベルで成功を収めた実践を試してみること，実験的なプログラムの長所と限界を批判的に検証することが有益であろう。子供たちには多様な社会文化的背景があるので，それ一つでどんな場合にも通用するような解決策は存在しないかもしれないが，より大きな規模でより広い範囲の期待できる戦略を確認し拡張することは，社会情動的スキルを育てる効果性と効率性を改善できるであろう[39)]。

OECD の加盟国とそのパートナー経済圏の多くは，学校が生徒の社会情動的スキルを評価するためのガイドラインを提供し，学校は成績表でこれらのスキルを報告する傾向がある。しかし，教師と保護者がこれらのスキルを高める方法に関する詳細な指導は限定的である。

OECD の加盟国とそのパートナー経済圏において，学校が生徒たちの社会情動的スキルを測定し報告するための最も一般的な方法は成績表による報告である。多くの国々では，学校がこのタイプのスキルを評価するためのガイドラインを提供している。

たとえば，カナダのオンタリオ州は，「学習スキルと学習の習慣（work habits）」

を諸教科の評点と切り離して評価する成績表のサンプルフォームを提供している。学習スキルと作業習慣には，6つのカテゴリー，つまり，責任感，組織能力，独自の学習（independent work），協働（collaboration），自発性（initiative），自己調整（self-regulation）がある。教師はそれぞれを「優」(excellent)，「良」(good)，「並」(satisfactory)，「要改善」(needs improvement)という4段階で評価する。第1学年から第8学年までの成績表には，生徒のカリキュラムにおける目標達成度を報告する部分の前に，学習スキルと学習の習慣に関する生徒の発達を報告する部分が設けられている。第9学年から第12学年の成績表では，すべての教科の学習スキルと学習の習慣のそれぞれの評価を記録する欄がある[40]。

このような方法で，保護者は自分の子供が社会情動的な発達に関してどの位置にいるのか，理解する機会を提供される。それにもかかわらず，生徒たちの社会情動的スキルの発達をいかに支援するかについて，学校と教師への詳細な助言を提供している教育システムはそれほど多くない。このことは学校と教師が自分たちの教育戦略をデザインする上での柔軟性を与える一方で，これらのスキルを教える知識と経験の少ない教師たちを支援することができないという問題を引き起こす。

III 社会性と情動の学習（SEL）

先述したように，アメリカでは，SELは，学校の使命の一部であり，常に多くの教師たちがそれを意識しているが，これまで除外されてきた，「欠落部分」であった。しかし，1990年代後半以降，この「欠落部分」の教育，SELが学校教育を改善し改革する上で注目され発展してきている。しかし，OECDのスキル研究の理論的枠組みが示すように，認知的コンピテンスと非認知的コンピテンスの両方を同等に調和的に育成することが，極めて重要である。それゆえ，CASELの活動に着目した。

1994年，教育の「欠落部分」に対処する研究分野を発展させるため，研究者，教育者，実践家，子どもの擁護者たちがフェッツァー研究所（the Fetzer Institute）に集まった。この協働的で学際的な会議において，生徒の社会情動

的コンピテンス，学業成績，健康，市民的資質を向上させ，身体的な健康，精神的な健康，問題行動の予防・軽減のための効果的で調整された方法が議論された。そして，若者の社会的，情動的，学術的コンピテンスを促進し，これらの目標に対処するために学校，家庭，および，地域社会の教育計画を調整する概念的枠組みとして，SELの用語を導入した。この会議の出席者がCASELの創設に着手した。その創設以降，CASELは，子どもの社会性と情動の発達と学業成績の促進を優先する個人と組織のための戦略家，協力者，招集者，支援者としての役割を果たしてきた[41]。

CASELの使命は，エビデンスに基づく社会性と情動の学習を就学前から高等学校までの教育の不可欠な部分とするのを支援することであり，すべての子供と大人が，自分自身の目標を達成して，より包括的で公正で公平な世界を創造するために自分自身に気付き，配慮があり，責任感があり，関与する生涯学習者であることをビジョンとしている。この使命とビジョンを達成するために，CASELは，SELが教育と人間発達の一つの統合的な部分であり，若者と大人が健全なアイデンティティを発達させ，情動の管理，個人的・集団的な諸目標の達成，支援的な関係性の維持，責任があり配慮がある意思決定をするための知識，スキル，態度を獲得し応用する過程であると定義している[42]。

CASEL 5 と SEL を推進する主要な環境（Setting）

そして，CASELは，次の図のように，「CASELの輪」という理論的枠組みを提案し，SELプログラムの教育実践を推進している。まず，CASELの輪の中心に位置するのは，SELが目指す五つの幅広い相互関係的なコンピテンス領域，すなわち，「自己への気付き」，「自己管理」，「社会への気付き」，「関係性のスキル」，「責任ある意思決定」である。日常における難問や課題に効果的に対処するためには，認知，感情，行動を統合する生徒のコンピテンスを発達させる必要がある。それゆえ，CASELの活動領域は，個人内的，対人関係的，および，認知的コンピテンスから成る知識，スキル，態度を含む。

SELは，信頼できる協働的な関係，綿密で有意義なカリキュラムと教授，持続的評価を特徴とする学習環境と学習経験を確立するための学校と家庭と地域

社会の真正のパートナーシップを通して，公平性と優秀性を促進する。生徒，家庭，学校，地域社会すべてが，学習，発達，経験を形成するより幅広いシステムの一部である。人種，民族，階級，言語，ジェンダー・アイデンティティ，性的指向，他の諸要因に基づく不公平は，これらのシステムの膨大な多数派において深く浸透している。そして，生徒と大人の社会的，情動的，学術的な学習に影響を与えている。

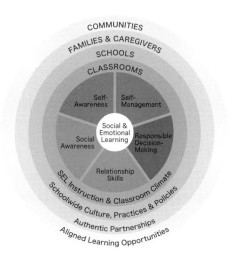

SEL だけが教育システムにおける長年にわたる，深く根ざした不公平を解決するのではないが，個人や学校が，不公平な政策や実践を考察し遮断したり，より包括的な学習環境を創り出したり，すべての個人の関心や有用性を明らかにし育てるのに必要な諸条件を創出したりできる。

それゆえ，CASEL は，すべての生徒のための学術的，社会的，情動的な学習を強化するために，公平な学習環境を設立し，教室，学校，家庭，地域社会という主要な環境を越えて実践を調整することを重視した一つの体系的なアプローチをとっている。十分にデザインされ，エビデンスに基づいた教室での質の高いプログラムと実践の実現は，効果的な SEL の基本的要素である。CASEL は，学校の学術的なカリキュラムと文化，そして，学校全体の実践や政策の幅広い文脈を越えた，家庭や地域社会の諸組織との持続的な協働を通して，SEL を統合することが最も有益であると信じている。それは，教室や学校の支援的な文化と風土，規律へのアプローチ，大人の SEL のコンピテンスを向上させること，そして，家庭や地域との本物のパートナーシップを確立することである。以下，CASEL のウエブサイトから，SEL を促進する主要な環境について論じる。

教室（SELの教授と教室の風土）

　社会情動的コンピテンスは，次のような教室に基づいた多様なアプローチを持続的に使用しながら強化され得る。すなわち，①発達的，文脈的，文化的に適切な方法や手段によって教えられ実践される社会情動的スキルと態度を通した明示的な教授，②協同学習やプロジェクトに基づいた学習，③国語，数学，理科，社会，保健，芸能等の学術的カリキュラムとSELとの統合である。

　SELの教授は，生徒と教師の肯定的で配慮のある関係によって特徴づけられた安全な教育環境において最も効果的に実行される。年齢に適した文化的で応答的な教授を促進するために，教職員は，各生徒に特有な長所とニーズを理解，認識し，生徒たちのアイデンティティを支援しなければならない。大人が，生徒たちの個人的な諸経験と文化的な諸背景を取り入れ，彼らに発言，情報，および，参加を求める時，生徒たちがその教育過程におけるパートナーであり，自分たち自身の行為主体性を評価するような包括的な教室環境を創り出す。大人と生徒たちの親密な関係性は，共同学習（co-learning）を促進し，生徒と大人の両方を成長させ，共有された関心に向けた協働的解決へと導く。

学校（学校全体の文化，実践，方策）

　学校全体でSELを効果的に統合することは，学校という共同体の全ての構成員による持続的な計画，実施，評価，持続的な改善を伴う。SELの諸努力は，すべての生徒たちと大人たちが尊敬され，支援され，積極的に参加していると感じる学校文化に依存し，貢献しているという両面がある。学校の環境は，多くの文脈，すなわち，教室，廊下，カフェテリア，運動場，バスを含んでいるので，健全な学校の風土と文化は，すべての大人と生徒からの能動的な関与を必要とする。そのような学校文化は，生徒たちの所属感覚，および，健全な学校文化が生徒の関与に極めて重要な役割を果たしていることを示唆するエビデンスに根ざしている。SELはまた，その諸目標と諸実践を普遍的で目標定位的で集中的な学術的，行動的支援を統合することによって，現存する生徒支援システムを強化する一つの機会を提供する。SELの諸実践と諸プログラムを調和させ形成することを通じて，諸学校は，SELを生徒たちの教育経験のあらゆる

部分に注入し，すべての生徒のための肯定的で学術的，社会的，情動的な諸成果を促進する一つの環境を創り出すことができる。例えば，学校長は，生徒同士の交流の機会を提供する朝の会や報告会などを通じて，生徒間に肯定的な関係性，共同体の感覚を形成する諸活動を組織することができる。

　また，教育者の社会情動的コンピテンスと教育的スキルは，SELのプログラムが生徒の行動に及ぼす効果だけでなく，教室や学校の風土や文化に影響を与えるのである。従って，SELに関連する質の高い教育者の準備と現職教員の専門的な学習は，SELを教えるために不可欠な理論的知識と教師と管理者の個人的，社会的コンピテンス，そして，同僚と管理者からの継続的支援となるフィードバック等の要素を含めるべきである。

　さらに，学校全体のSELの重要な構成要素は，重層的な支援システムへの統合を含む。カウンセラー，ソーシャルワーカー，心理学者などの専門家が生徒に提供するサービスは，教室と校舎における普遍的な努力と協調する必要がある。しばしば，スモール・グループの活動を通じて，生徒支援の専門家たちは，早期介入，または，より集中的な対応を必要とする生徒のための教室での教授を強化し補完する。これらの人々が社会的，情動的な内容，教師が教室で使用する授業実践に精通している時，彼ら自身の生徒に関する仕事を自分たちの教室での授業実践に組み込める。

家族と世話をする人（真正のパートナーシップ）

　学校と家庭が真正のパートナーシップを形成する時，それらは，生徒たちの社会情動的な発達を強化する健全な結び付きを形成することができる。家族や世話をする人たちは，子どもたちの最初の教師であり，彼らの発達，経験，文化，学習の諸要求に関する深い見解をもたらす。これらの洞察と視点は，情報を提供する支援的で持続的なSELの諸努力にとって重要である。次のことが研究によって示唆されている。つまり，エビデンスに基づいたSELのプログラムは，それらが家庭に及ぶ時により効果的であり，そして，学校の規範，価値，文化的な説明が彼ら自身の諸経験を反映する時に，よりいっそう，学校とのパートナーシップを形成するであろう。学校は，家族，特に歴史的に社会の主

流から取り残されてきたグループの者たちが，SELを計画し，実践し，継続的に改善する一部となることを保証する包括的な意思決定過程を必要とする。

　学校はまた，家族との持続的な双方向的コミュニケーションを創り出し，世話をする人たちが子どもの発達を理解するのを支援したり，教師たちが家族の背景，文化を理解するのを支援したり，家族が学校のボランティアになる機会を提供したり，学習活動と学習のディスカッションを家庭に広げたり，地域社会のパートナーと連携して家族の世話を行ったりすることを含む家庭とのパートナーシップのための他の方法や手段を創り出すことが可能である。家族は，生徒たちの社会情動的な発達を理解し，経験し，情報を提供し，支援することに関与すべきである。

地域社会（調整された学習諸機会）

　地域社会のパートナーは，しばしば，学習と発達を向上させる安全な環境を提供し，地域社会のニーズを深く理解し，家族や生徒たちによって信頼できるパートナーであると見られ，学校や家庭が必要とするさらなる支援やサービスとつながりをもっている。地域社会のプログラムはまた，若者が個人的意義があり，彼らの将来の諸機会へと開かれ得る環境において，自分たちの社会情動的スキルを実践する諸機会を提供する。授業日を越えて学校外の時間にまで及ぶSELの諸努力を統合するために，学校の教職員と地域社会のパートナーは，共通語で連携し，SELの諸努力とイニシアチブを中心にその方略とコミュニケーションを調整すべきである。学区の指導者は，次のことにより，体系的なSELの学習計画のための諸政策，諸実践，諸支援を支持することができる。それらは，①SELへの責務を啓発するために利害関係者と提携し，SEL実施のための組織的支援と専門的な学習共同体を発展させること，②現在の地域資源と地域のニーズを監査し，すでに進行中の効果的な学習計画から次の学習計画を形成すること，③教室，学校全体，地域社会におけるSELプログラムの調整を支援すること，④実践の持続的な改善のためのアセスメントシステムを確立することである[43]。放課後の活動は，生徒が支援してくれる大人や仲間とつながる機会を提供する。若者が新しいスキルや個人の才能を発達させ，応用するのに

役立つ素晴らしい場所である。J. A. デューラク（Durlak）他の研究によれば，生徒の社会的，情動的な発達に時間を費やす放課後のプログラムは，問題行動を減らす一方で，生徒の自己認識，学校とのつながり，肯定的な社会行動，学校の成績，アチーブメント・テストの点数を大幅に向上させ得ることが明らかになったという[44]。SEL を実践できる学校以外の環境とシステムは，子どもや若者，あるいはそれを支援する大人にも数多く存在する。SEL は幼児期から始まるため，家族や幼児をケアする環境は，SEL にとっても重要であると思われる。

おわりに

　本章では，ゴールマンの『情動知能』，OECD の社会情動的スキル，アメリカの SEL を概観してきた。ゴールマンは，人々が自分自身の生活の情動的側面を認識し情動を調整すること，他者の情動を理解し他者に共感して他者と協力することの重要性を主張した。さらに，彼は子供たちに情動知能のコンピテンシーを育成するための学習を提案し続けている。それゆえ，SEL を積極的に推進している CASEL の創設にも参加した。さらに，今後，SEL を一層発展させるための社会的，情動的，倫理的学習（SEE）の活動にも注目している。

　OECD の社会情動的スキルの報告書の要点は，次のようにまとめられる。子供たちが人生の成功を達成し，社会進歩に貢献するためには均衡のとれた一連の認知的スキルと社会情動的スキルが必要であること。目標を達成し他者と効果的に協力し情動を管理する子供たちのコンピテンスは，彼らの人生における成果を改善するのに役立ち，忍耐力，社交性，自尊心のような社会情動的スキルは重要な役割を果たすこと。社会情動的スキルは学習環境の改善，介入プログラムの結集により向上できること。エビデンスにより「スキルがスキルを生む」ことが示され，社会情動的スキルへの早期投資が社会経済的弱者の生活的展望の改善，社会経済的不平等の縮小にとって重要であること。社会情動的スキルの定期的アセスメントが学習環境の改善とスキルの発達にとって価値ある情報を提供できることなど。

　1994 年，アメリカにおいて創設された CASEL は，「CASEL の輪」という理論的な枠組みを提案し，SEL プログラムの教育実践を推進している。そして，

すべての生徒の学術的，社会的，情動的な学習を強化するために，公平な学習環境を設立し，教室，学校，家庭，地域社会という主要な環境を越えて実践を調整することを重視した一つの体系的なアプローチをとり，信頼できる協働的な関係性，綿密で有意義なカリキュラムと教授，持続的な評価を特徴とする学習環境と学習経験を確立するための学校と家庭と地域社会の真正のパートナーシップを通して，公平性と優秀性を促進することを目指している。

　このように，現在，世界の教育改革において，非認知的コンピテンスが注目され発展してきた。しかし，最初に述べたように，認知的コンピテンスと非認知的コンピテンスの両方を同等に調和的に育成することが学校教育において極めて重要である。ブラジル（Brazil）のサンパウロ（Sao Paulo）で2014 年 3 月 23 日，24 日に開催された非公式の閣僚会議において「ウェルビーイングと社会進歩を推進するスキルとは何か」をテーマに議論された。そこでバランスのとれた認知的，社会的，情動的なスキルをもつ「全人的な子ども」（Whole Child）を発達させる必要性について全会一致で合意された[45]。そして，本章で取り上げた 2015 年の OECD のスキル研究によって示された理論的な枠組みは，認知的スキルと社会情動的スキルの両方の枠組みであり，この枠組みは，認知的スキルと社会情動的スキルが相互作用し，それによって相互に影響しあうことを明示している[46]。

　この視座を忘れてはならないであろう。それゆえ，本書の副題を「知性と社会性と情動のパースペクティブ」とした。このことは，知性と情動は社会的であり，また，知性と情動は社会的な関係性の中で育成されていることを意味している。学校のカリキュラムを構成するすべての教育活動，教科等においても，その教科等，さらにその単元と授業における学習活動の特質を踏まえながら，認知的コンピテンスと非認知的コンピテンスを調和的に育成することが必要である。それは，教師が子供の認知的コンピテンスと非認知的コンピテンスを調和的に育成することを常に意識しながら，学校のカリキュラム，各教科等のカリキュラム，各単元及び各授業を構想し実践することであり，また，認知的レンズと非認知的レンズの両方を通して，子供の学習活動を理解し，支援し，評価することを意味する。

（中野真志）

【注】

1) OECD, *Skills for Social Progress: The Power of Social and Emotional Skills*. OECD Skills Studies, OECD Publishing, 2015.

2) OECD 編，無藤隆・秋田喜代美監訳『社会情動的スキル 学びに向かう力』，明石書店，2018 年。

3) 中山芳一『学力テストでは測れない非認知能力が子どもを伸ばす』東京書籍，2018 年。

4) 遠藤利彦（研究代表者）「非認知的（社会情緒的）能力の発達と科学的検討手法についての研究に関する報告書」，国立教育政策研究所，2017 年。

5) Elias, M.J., Zins, J.E., Weissberg, R.P., Frey, K.S., Greenberg, M.T., Haynes, N.M., et al., *Promoting Social and Emotional Learning: Guidelines for Educators*. Alexandria, VA: ASCD,1997, p.1.
この本は，以下のように日本で翻訳し出版され，本章でも参照した。
M.J. イライアス他著，小泉令三編訳『社会性と感情の教育 教育者のためのガイドライン 39』北大路書房，1999 年。

6) Ibid., p.2.

7) Goleman, Daniel. *Emotional Intelligence: Why It Can Matter More Than IQ*. New York: Bantam Books, 1995.
初版は 1995 年に出版されたが，本章では 25 周年の記念版を用いた。

8) Nancy, Gibbs. Emotional Intelligence: The EQ Factir. *Time*, Vol.146, No.14, 1995, pp.60-68.

9) ダニエル・ゴールマン著，土屋京子訳『EQ こころの知能指数』，講談社，1996 年。

10) Gardner, Howard. *Intelligence Reframed: Multiple Intelligences for the 21st Century*. New York: Basic Books, 1999, p.10.

11) Ibid., p.10.

12) Salovey, Peter and Mayer, John D., "Emotional Intelligence," *Imagination, Cognition, and Personality* 9, 1990, pp.185-211.

13) Goleman, Daniel. *Emotional Intelligence The 25th Aniversary Edition*. New York: Bantam Books, 2020, p.xi.

14) Ibid., p.xii.

15) Ibid., p.xiii.

16) Goleman, Daniel, "What makes a Leader?", *Harbard Business Review*, 76(6), 1998, pp.93-102.

17) Goleman, Daniel. op.cit., 2020, p.xiii.

18) Ibid., p.xv. 表 1 は筆者による作成。

19) Ibid., p.xiv.

20) Ibid., p.xiv.

21) Ibid., p.xv.

22) 総務省令和元年の通信白書　https://www.soumu.go.jp/johotsusintokei/whitepaper/ja/r01/html/nd113230.html（2022 年 6 月 27 日）

23) Goleman, Daniel. op.cit., 2020, p.xvi.

24) Ibid., pp. 368-369.

25) Goleman, Daniel and Senge, Peter. *The Triple Focus: A New Approach to Education*. Northampton, MA: KeyStepMedia, 2014.

26) Goleman, Daniel. op.cit., 2020, pp.xix-xx.

27) OECD, op.cit, p.34.　図 1 は筆者が翻訳して作成した。

28) Ibid., p.34.

29) Ibid., pp.34-35.

30) Ibid., p.130.

31) Ibid., pp.13-14.

32) Ibid., p.55.

33) Ibid., p.57.

34) Ibid., p.54.

35) Ibid., p.83.

36) Ibid., p.80.

37) Ibid., p.106.

38) Ibid., p.15.

39) Ibid., p.109.

40) Ibid., p.104.

41) Durlark, J.A., Domitrovich, C.E., Weissberg, R.P., and Gullotta, T.P., "Social and Emotional Learning: Past, Present, and Future." In Durlark, J.A., Domitrovich, C.E., Weissberg, R.P., and Gullotta, T.P.(Eds.), *Handbook of Social and Emotional Learning: Research and Practice*. New York: The Guilford Press, 2015, p.5.

42) https://casel.org/fundamentals-of-sel/（2022 年 7 月 4 日）

43) Durlark, J.A., Domitrovich, C.E., Weissberg, R.P., and Gullotta, T.P., op. cit., p.9.

44) Ibid., p.9.

45) OECD, op.cit., p.13.

46) Ibid., pp.34-36.

総合的な学習の時間において育成される資質・能力と知性，社会性，情動

はじめに

　2017年（高等学校は2018年）改訂の学習指導要領において，すべての教科等において育成を目指す資質・能力が①「知識及び技能」（何を理解しているか，何ができるか），②「思考力，判断力，表現力」（理解していること・できることをどう使うか），③「学びに向かう力，人間性等」（どのように社会・世界と関わり，よりよい人生を送るか）の三つの柱として示された[1]。領域固有の知識や技能を基盤とする学習内容を中心構成されてきたこれまでの学習指導要領から，領域を超えて機能する汎用性の高い資質・能力を中心に構成される学習指導要領への改訂は，我が国の学校教育の大きな転換点と捉えることができる。

　ところで，1998年（高等学校は1999年）の学習指導要領の改訂において，小学校から高等学校にまでに設置された総合的な学習の時間は，創設当初より，そのねらいとして「自ら課題を見付け，自ら学び，自ら考え，主体的に判断し，よりよく問題を解決する資質や能力を育てること」を掲げており，領域固有の知識や技能の習得に主眼が置かれる各教科等とは異なる資質・能力の育成を志向してきた。また，教科等の枠を超えた横断的・総合的な学習が展開される総合的な学習の時間は，汎用性の高い資質・能力の育成に資することが期待されてきた。

　その一方で，これらの資質・能力の中には，客観的に測定することが難しい情意的な側面が含まれており，従前の領域固有の知識や技能を中心とする学力観からの転換は容易ではなかった。総合的な学習の時間においても，「一部の学校（特に中学校・高等学校）において，ねらいや育てたい力が不明確で，児童生徒自身が，何のために活動を行い，何を学んだか自覚できていない。」といった課題が指摘されており，「補充学習のような専ら教科の知識・技能の習得を図る教育が行われたり，学校行事と混同された実践が行われたりしている。」と

いった実情も報告されている[2]。

　本章は，総合的な学習の時間がこれまでどのような資質・能力の育成を目指してきたのか，その実際と変遷を追いながら，今後，資質・能力の育成において総合的な学習の時間が果たすべき役割と展望について，本書のテーマである知性，社会性，情動の視座から論じることとしたい。

I 　資質・能力とは何か

　育成を目指す資質・能力を論じる上で，それに関わる様々な概念について整理しておきたい。ここでは，コンピテンス，コンピテンシー，スキル，リテラシーについて取り上げる。

　マクレランド（McClelland, 1973）は，就職試験の際に使われる既存の知能テストや適性検査だけでは，職業人生における仕事の成果やその他の社会的活動における成果を予想できなかったことから，卓越した人材の特性として，意欲や感情の自己調整能力，肯定的な自己概念や自己信頼などの情意的な資質能力，そして対人関係調整能力やコミュニケーション能力などの社会的スキルを見いだし，人生で直面する様々な問題状況に対し，質の高い問題解決を成し遂げるために必要十分なこれらの資質・能力をコンピテンス（competence）と呼んだ[3]。

　その後，マクレランドは1976年頃からコンピテンシー（competency）という用語を使用するようになるが，コンピテンスとコンピテンシーを明確に区別していない[4]。職業教育においては，アメリカではコンピテンシー，イギリスではコンピテンスが用いられることが一般的となり，前者は高業績者の行動に，後者は職場での行動の最低基準に着目している[5]。

　1990年度に入ると，アメリカの実務の世界でコンピテンシーブームが沸き起こる[6]。コンピテンシーの概念の普及は，それまで一般的に受け入れられていたリテラシーからの能力観の転換をもたらした。リテラシーは，伝統的には社会の中で最小限の機能として必要とされる読み書き能力のレベルを表すものとして用いられてきたが，その後，リテラシーの概念は拡張され，PISAで測定して

いるような人間の高次の情報処理能力を指すようになった。コンピテンシーは，ここにスキルや態度を含む人間の全体的な能力を捉えるものとして普及していく[7]。そして，OECD は DeSeCo(Definition and Selection of Competencies) プロジェクトにおいて，コンピテンシーの策定を試みる。そこで示されたコンピテンシーの基礎となるモデルは，「包括的（ホリスティック）で動的なもの」[8]とされた。つまり，コンピテンシーは，「複雑な行為のシステムであり，認知的スキル，態度，そして他の非認知的要素を包含し，別々の構成要素には還元できない」[9] ものであり，かつ，「ダイナミックに相互に関係する多様な構成要素は，生活の中で直面する複雑な需要の特徴によって定義される」[10] ものである。そして，DeSeCo プロジェクトは，特に主要となる資質・能力を「自律的に活動する力」，「道具を相互作用的に用いる力」，「異質な集団で交流する力」の三つのカテゴリーに分類するキー・コンピテンシー (key competencies) を提唱した[11]。キー・コンピテンシーの三つのカテゴリーの枠組みの中心には，「省察性」(reflectiveness) が位置付けられており[12]，それぞれのカテゴリーが常に独立した状態で用いられることは想定されていない。なお，DeSeCo プロジェクトの報告書においては，コンピテンシーとコンピテンスが混在しており，明確な使い分けがなされていない[13]。

　コンピテンシーと同様に，スキルについても適切な日本語の訳が見当たらない。スキルは，一般的には「訓練などによって身につけた技能や技術」[14] と説明され，IT スキルや社会的スキルといった個別的なスキルのほか，近年ではアメリカにおいて「21 世紀型スキル (21st Century Skills)」が策定されている。スキルは主にハードスキルとソフトスキルに分けられ，ハードスキルは，特定の訓練によって得られる観察が容易なスキルであり，領域固有の知識や技能を含む解釈もある[15]。一方で，ソフトスキルは，コミュニケーションやコラボレーション，柔軟性などの容易に測定できない定性的なスキルを指し，21 世紀型スキルもそのほとんどはソフトスキルと言われている[16]。このように，スキルの定義は広範であるものの，いずれの定義においても，スキルは個別的（断片的）であり，21 世紀型スキルも，今後求められるあらゆる断片的なスキルの集合体と捉えることが妥当であろう。

日本においては，コンテンツ（content）との対比を強調する意味で，教科等の領域を超えて育成され，また機能する汎用的スキル（generic skills）をコンピテンシーと呼ぶことが多い[17]。例えば，「育成すべき資質・能力を踏まえた教育目標・内容と評価の在り方に関する検討会」が2014年に公表した「論点整理」では，教科等を横断する汎用的なスキル（コンピテンシー）等に関わるものとして，「汎用的なスキルなどとしては，例えば，問題解決，論理的思考，コミュニケーション，意欲など」と「メタ認知（自己調整や内省，批判的思考等を可能にするもの）」を挙げており，教科等に固有の知識や個別スキルに関するものを除いている[18]。こうしたコンピテンシー概念には，領域固有の知識やスキルが含まれていない。一方で，奈須（2017）が，コンピテンシー・ベイスの教育として，「『資質・能力』（コンピテンシー：competency）を基盤とした教育」[19]と説明しており，学習指導要領で使用されている「資質・能力」をコンピテンシーと同義として捉えているように，2017年改訂の学習指導要領において「知識及び技能」，「思考力，判断力，表現力」，「学びに向かう力，人間性等」の三つの柱に整理された育成を目指す資質・能力は，領域固有の知識やスキルも含むものと解釈することができる。

　今次改訂の学習指導要領において示された資質・能力については，「これらの三つの柱は，学習の過程を通して相互に関係し合いながら育成されるものであることに留意が必要である」[20]と説明されている。また，最も領域固有性が高いと考えられる知識についても，「生きて働く概念として習得されることや，新たな学習過程を経験することを通して更新されていくことが重要となる」[21]と説明されている。つまり，三つの柱に整理された資質・能力は，複雑な行為のシステムの上に成り立っており，相互作用的に存在していることや，普遍的で画一的なものではなく，需要によって定義される可変的で適応的であること，といった特質を有しており，「包括的（ホリスティック）で動的なもの」と解釈することが妥当と言えよう。

Ⅱ 総合的な学習の時間の誕生

　総合的な学習の時間の誕生のきっかけとなったのが，第15期中央教育審議会（1995年〜1997年）の「21世紀を展望した我が国の教育の在り方について（第一次答申)」において提起された「生きる力」である。「生きる力」の定義は広範であるが，「いかに社会が変化しようと，自分で課題を見つけ，自ら学び，自ら考え，主体的に判断し，行動し，よりよく問題を解決する資質や能力」，「自らを律しつつ，他人とともに協調し，他人を思いやる心や感動する心など，豊かな人間性」，「たくましく生きるための健康や体力」の3点で整理されている[22]。「生きる力」とは，領域固有の知識や技能を含みながらも，マクレランドが提唱したコンピテンス概念に近い幅広い資質・能力として解釈することができる。

　そして，同答申は，「[生きる力]が全人的な力であるということを踏まえると，横断的・総合的な指導を一層推進し得るような新たな手だてを講じて，豊かに学習活動を展開していくことが極めて有効であると考えられる。（中略）このため，上記の[2]〔筆者注：教育内容の厳選と基礎・基本の徹底〕の視点から各教科の教育内容を厳選することにより時間を生み出し，一定のまとまった時間（以下，「総合的な学習の時間」と称す）を設けて横断的・総合的な指導を行うことを提言したい。」[23]と，「生きる力」の育成を担うものとして総合的な学習の時間の創設を提言している。そして，1998年（高等学校は1999年）の学習指導要領の改訂において，総合的な学習の時間は小学校から高等学校にまで導入されることとなった。

　総合的な学習の時間において育成を目指す資質・能力については，以下のように示されている。

---

(1) 自ら課題を見付け，自ら学び，自ら考え，主体的に判断し，よりよく問題を解決する資質や能力を育てること。
(2) 学び方やものの考え方を身に付け，問題の解決や探究活動に主体的，創造的に取り組む態度を育て，自己の生き方を考えることができるようにすること。[24]

この文言は，小学校から高等学校まで，全く同じである。総合的な学習の時間において，「生きる力」の中でも特に「いかに社会が変化しようと，自分で課題を見つけ，自ら学び，自ら考え，主体的に判断し，行動し，よりよく問題を解決する資質や能力」の育成が期待されていることがわかる。

　それでは，こうした資質・能力の育成に資する総合的な学習の時間が全国の学校で展開されたかと言えば，そうでないことは既によく知られているところであろう。その要因は様々あるが，一つは，当初の総合的な学習の時間の教育課程上の位置付けにある。総合的な学習の時間は教育課程上必置とされたものの，その目標や内容等については「総則」の中で扱われており，「各教科」や「道徳」（高等学校は除く），「特別活動」の位置付けとは大きく異なっていた。それは，総合的な学習の時間が，「学校で学ぶ知識と生活との結びつき，知の総合化の視点」[25]を重視しており，「各学校が創意工夫を生かし，教科等の枠を超えた横断的・総合的な学習などを展開するというこの時間の性格など」[26]を踏まえた結果である。つまり，総合的な学習の時間は単独で成立する他教科等とは一線を画すものとして設置されたと解釈できる。しかし，このような位置付けの「曖昧さ」に加え，他教科等のように目標や内容等について具体的に示されていないことから，学校現場の混乱は少なくなかった[27]。さらに，2000年頃から巻き起こった「学力低下論争」において，総合的な学習の時間はいわゆる「ゆとり教育」批判の矢面に立たされたこともあり，その実施状況は低調と言わざるを得ないものであった[28]。

Ⅲ　学習指導要領の改訂による資質・能力の変遷

　学力低下批判に押される形で，2003年には，学習指導要領が一部改正されることなった。総合的な学習の時間において育成を目指す資質・能力については，従来の(1)，(2)に加え，以下の(3)が加わった。

> (3) 各教科，道徳及び特別活動で身に付けた知識や技能等を相互に関連付け，学習や生活において生かし，それらが総合的に働くようにすること。[29]

(3)の資質・能力については，一部改正前の「解説」（ここでは『小学校学習指導要領解説　総則編』を指す。以下，総合的な学習の時間に関する学習指導要領解説については，単に「解説」と表記する。）においても，「各教科等で身に付けられた知識や技能を相互に関連付け，総合的に働くようにすることが大切である。」[30]との記述があるように，特段新規性のあるものではない。しかし，学力低下論争の影響を受け，2002年1月に文部科学省から出された「学びのすすめ」（確かな学力向上のための2002アピール）において提唱された「確かな学力」を具体的に現す意味合いとして強調して示されたと解釈することが妥当であろう。いずれにせよ，これらの一連の教育施策の動向は，従来の領域固有の知識や技能を中心とする学力観への回帰と受け取られ，学校現場の総合的な学習の時間に対するモチベーションを大きく低下させた[31]。

さて，これらの資質・能力をどのように評価するのか，学習指導要領には特に示されていない。「解説」には，「例えば，ワークシート，ノート，作文，絵，レポートなどの製作物，発表や話し合いの様子などから評価したり，児童の自己評価や相互評価を活用したり，活動の状況を教師が観察して評価したりするなど，その児童なりのよい点，学習に対する意欲や態度，進歩の状況などを適切かつ総合的に評価することが考えられる。」[32]と，評価の方法については具体例を挙げて説明されているものの，評価をする対象，すなわち具体的な資質・能力については示されていない。育成を目指す具体的な資質・能力についても各学校において設定することが想定されていたが，当時吹き荒れた総合的な学習の時間に対する逆風の中で，具体的な資質・能力を独自で設定して評価に取り組んだ学校は限られていたと考えられる[33]。

2008年（高等学校は2009年）に改訂された学習指導要領では，これまで「総則」の中でのみ扱われていた総合的な学習の時間が，独立した章として扱われることとなった。そして，総合的な学習の時間の目標（第1の目標）が次の

ように掲げられた（〔　〕内は高等学校）。

> 横断的・総合的な学習や探究的な学習を通して，自ら課題を見付け，自ら学び，自ら考え，主体的に判断し，よりよく問題を解決する資質や能力を育成するとともに，学び方やものの考え方を身に付け，問題の解決や探究活動に主体的，創造的，協同的に取り組む態度を育て，自己の〔在り方〕生き方を考えることができるようにする。[34]

　総合的な学習の時間で育成を目指す資質・能力については，創設時の目標にある「自ら課題を見付け，自ら学び，自ら考え，主体的に判断し，よりよく問題を解決する資質や能力を育てること」及び「学び方やものの考え方を身に付け，問題の解決や探究活動に主体的，創造的に取り組む態度を育て，自己の生き方を考えることができるようにすること」とほとんど変わっていないが，「協同的」という文言が加わったことに注目したい。協同的に取り組む態度とは，「他者と協力しながら身近な地域社会の課題の解決に主体的に参画し，その発展に貢献しようとする態度」[35]と説明されている。このことは，総合的な学習の時間が育成を目指す資質・能力に社会性の側面が加わったと捉えることができる。
　さらに「解説」では，総合的な学習の時間において育てようとする資質・能力の視点として，「学習方法に関すること」，「自分自身に関すること」，「他者や社会とのかかわりに関すること」の3点が例示された。これらの視点は，これまで全国で取り組まれてきた実践事例を整理する中で見出されてきたものとされているが，同時に，OECDが提唱するキー・コンピテンシー（key competencies）を踏まえたものとなっている[36]。2011年に文部科学省が作成した指導資料『今，求められる力を高める総合的な学習の時間の展開』では，総合的な学習の時間において育てようとする資質・能力について，これらの三つの視点を踏まえた形で詳細に例示されている[37]。
　このように，2008年の学習指導要領の改訂やそれに伴う「解説」の記述，指導資料による詳細な例示などによって，総合的な学習の時間で育成する資質・能力が少しずつ具体化されている。しかし，こうした資質・能力の理解が学校

現場に浸透していたとは言い難い。そのことを物語っているのが，国立教育政策研究所が発刊している『総合的な学習の時間における評価方法等の工夫改善のための参考資料』（以下，参考資料）に見られる総合的な学習の時間の評価の観点に関する記述である。参考資料では，総合的な学習の時間の評価の観点の設定例として以下の三つが示されている[38]。

---

①総合的な学習の時間の目標を踏まえた観点
②各学校で定めた「育てようとする資質や能力及び態度」を踏まえた観点
③各教科の評価の観点との関連を明確にした観点

「③各教科の評価の観点との関連を明確にした観点」とは，「関心・意欲・態度」，「思考・判断・表現」，「技能」及び「知識・理解」の4観点のことである。参考資料は，「この観点は，『技能』や『知識・理解』の観点において知識・技能を身に付けているかどうかのみにとらわれたり，『自己の生き方を考えることができるようにする』に関わる観点について，その実現状況を評価することが十分に行われなかったりすることが考えられる。そこで，一人一人がどのように知識・技能を獲得していったかを評価することや自己の生き方に関して4観点の中に位置付けることに配慮する必要がある。」[39]と，留意すべき点を指摘しているものの，「総合的な学習の時間の学習活動に関わる『関心・意欲・態度』，『思考・判断・表現』，『技能』及び『知識・理解』等と観点を定めることで，各教科との関連が明確になるとともに，学習課題や学習対象，学習事項などの内容についての実現状況を評価し易いという特徴がある。」[40]と，4観点の設定について許容している。総合的な学習の時間はキー・コンピテンシーに関わる資質・能力を育成すると標榜する領域であったのにも関わらず，総合的な学習の時間で育成されるキー・コンピテンシーや資質・能力に関する研究や報告はごく限られており，その理解の広がりは限定的であった[41]。

Ⅳ 現行の学習指導要領における 総合的な学習の時間が育成を目指す資質・能力

　「生きる力」の育成を目的に創設された総合的な学習の時間は，創設当時より，現在で言う非認知的な能力の育成に主眼が置かれていた。その根本的な立ち位置は一貫して変わっていないが，改訂の都度，社会的な要請を受けながら，国際的な資質・能力の潮流にも乗る形で，この時間が育成を目指す資質・能力の概念を少しずつ拡大していった。それでも，黒上（2017）が，「これまでの総合的な学習の時間では，どのような知識・技能が身につくかには，あまり関心を払ってこなかった。」[42]と指摘するように，資質・能力の認知的な側面の育成を担ってきたのは各教科等であり，総合的な学習の時間（道徳や特別活動も含む）は主に非認知的な側面の育成が期待されてきた。このように，各教科等と総合的な学習の時間で資質・能力の育成について役割分担をしてきたと解釈することができる。

　しかし，2017年（高等学校は2018年）の学習指導要領の改訂は，この役割分担モデルを崩すものであった。すべての教科等において育成を目指す資質・能力が三つの柱として整理され，総合的な学習の時間で育成を目指す資質・能力については，「第一の目標」において次のように示された。なお，高等学校の総合的な学習の時間については，小・中学校における総合的な学習の時間の取組の成果を生かしつつ，より探究的な活動を重視する視点から，その位置付けを明確化し直すことが求められたことから，その名称が「総合的な探究の時間」と変更されたが，ここでは特に区別をしない。

探究的な見方・考え方を働かせ，横断的・総合的な学習を行うことを通して，よりよく課題を解決し，自己の生き方を考えていくための資質・能力を次のとおり育成することを目指す。
(1)探究的な学習の過程において，課題の解決に必要な知識及び技能を身に付け，課題に関わる概念を形成し，探究的な学習のよさを理解するようにする。
(2)実社会や実生活の中から問いを見いだし，自分で課題を立て，情報を集め，整理・分析して，まとめ・表現することができるようにする。
(3)探究的な学習に主体的・協働的に取り組むとともに，互いのよさを生かしながら，積極的に社会に参画しようとする態度を養う。

この改訂では，各教科等においても「学びに向かう力，人間性等」の育成が求められる一方で，総合的な学習の時間においても，「知識及び技能」の育成が求められることとなった。

　ここでは，総合的な学習の時間で育成される資質・能力について，本書のテーマである知性，社会性，情動の視点から検討してみたい。

　総合的な学習の時間で獲得を目指す「知識及び技能」について，「解説」では，「事実的知識は探究の過程が繰り返され，連続していく中で，何度も活用され発揮されていくことで，構造化され生きて働く概念的な知識へと高まっていく。」[43]と説明されており，教科や分野の枠を超えたより一般化された概念的な知識が，総合的な学習の時間において育成を目指す資質・能力としての知識と考えることができる。まず，総合的な学習の時間では，児童生徒は各学校が設定する「探究課題」に関する事実的知識を獲得する。例えば，「身の回りの高齢者とその暮らしを支援する仕組みや人々（福祉）」に関する探究課題に取り組むのであれば，ユニバーサルデザインやバリアフリーに関する知識，社会保障に関する知識，そして，車椅子の操作や介助等に関する技能などを習得することが想定される。しかし，総合的な学習の時間で育成を目指す資質・能力としての知識及び技能は，これらの事実的知識だけではないことは明らかである。例えば，「高齢者の尊厳と自立に向けた支援に向けて，地域の様々な立場の人が支え合い，協力し合っていること」や，「わが町の高齢者福祉の現状や課題が，自分たちの今後の地域生活と関わっていること」，あるいは，「福祉問題の解決やよりよい福祉を創造するための地域活動に参画することが，地域の新しい価値の創造につながっていること」といった概念的知識を獲得することが期待される。

　さらに，総合的な学習の時間が育成を目指す知識及び技能としては，「探究的な学習のよさの理解」についても想定されている。具体的には，資質・能力の変容を自覚すること，学習対象に対する認識が高まること，学習が生活とつながることなどを，探究的に学習してきたことと結び付けて理解することである。

　なお，技能については，「探究的な学習の過程が繰り返されて連続していく中で，手順に関する知識を関連付けて構造化し，特定の場面や状況だけでなく日常の様々な場面や状況で活用可能な技能」と説明されている。具体的には，「対

象に応じた適切な方法で調査する」技能や「ウェブサイトから，検索ソフトを使って，短い時間にたくさんの情報を収集する」技能などが考えられる。

　これらの知識及び技能は，ブルーム（Bloom）らが提唱するブルーム・タキソノミー（Bloom's Taxonomy）で説明することができる[44]。ブルームらは，「知的能力（intellectual ability）」（専門的な知識の習得を前提としそれを使いこなす力）を「知識（knowledge）」（授業で学習したのと同じ形で観念や現象を記憶していること）と「知的技能（art and skil1）」（専門的な知識を前提としない一般的な知的操作）とに分けて整理した[45]。後にアンダーソン（Anderson）やクラスウォール（Krathwohl）らによって改訂された改訂版ブルーム・タキソノミーは，知識を，事実や法則についての「宣言的知識（declarative knowledge）」と，やり方についての「手続的知識（procedural knowledge）」とに分けている。宣言的知識は，個別・具体的な内容要素を指し示す知識である「事実的知識（factual knowledge）」と，より組織化され一般化された知識である「概念的知識（conceptual knowledge）」とに分割される。事実的知識は概念的知識の要素として包摂される関係にある。そして，改訂版では，これらの知識に加えて「メタ認知的知識（meta-cognitive knowledge）」が新たに導入されている[46]。メタ認知的知識とは，文字どおり「認知についての知識」を意味する概念であり，自分自身の認知過程や人間一般の認知過程についての知識のことをいう。そして，ここまでで示された四つの知識のタイプは，図1のように，「具体→抽象」という組織原理の下で，「事実的知識」，「概念的知識」，「手続的知識」，「メタ認知的知識」の順に排列される[47]。

具体　↕　抽象	事実的知識	児童生徒が学問に精通したり，問題を解決したりするために知っておかなければならない基本的な要素としての知識。
	概念的知識	より大きな構造において基本的な要素を相互に結び付け，それらが一緒に機能することを可能にする知識。
	手続的知識	何かをする方法，探究の方法，あるいは技能や手順，テクニック，方法を用いるための基準としての知識。
	メタ認知的知識	認知全般に関する知識，ならびに自分自身の認知に関する認識と知識。

Wilson, O. L. (2016) "The Second Principle - The work of Leslie Owen Wilson, Ed. D.," [Online]. Available: https://maken.wikiwijs.nl/bestanden/804304/blooms-taxonomy-revised.pdf [Accessed 30 June 2022]. を基に筆者作成。

図1　4つの知識のタイプ

この知識のタイプに基づいて，総合的な学習の時間で獲得することが期待される「知識及び技能」を考えると，「わが町の高齢者福祉の現状や課題が，自分たちの今後の地域生活と関わっていること」や「福祉問題の解決やよりよい福祉を創造するための地域活動に参画することが，地域の新しい価値の創造につながっていること」といった知識は，組織化され一般化された知識，すなわち概念的な知識と解釈できる。また，「探究的な学習のよさの理解」は，メタ認知的知識に基づくものである。さらに，技能については，単に「調査方法」や「検索方法」などに関する事実的知識に基づく技能ではなく，手続的知識に基づく構造化され一般化された技能の育成が目指されていることが分かる。

　したがって，これらの資質・能力は「事実的知識」を含みながらも，「概念的知識」（総合的な学習の時間の概念的な知識）や「手続的知識」（総合的な学習の時間の技能），「メタ認知的知識」（総合的な学習の時間の探究的な学習のよさの理解）と深く結びつくものである。

　「思考力，判断力，表現力等」についてはどうだろうか。「思考力，判断力，表現力等」は，「知識及び技能」を，未知の状況においても活用できるものとして，探究的な学習の過程で育成されるものと想定されている。「解説」には，解決の方法や手順を考え，確かな見通しをもって計画を立てる（課題の設定），情報を効率的に収集する手段を選択する（情報の収集），事象を比較したり関連付けたりして，確かな理由や根拠をもつ（整理・分析），相手や目的に応じて効果的な表現をする（まとめ・表現）といった資質・能力が例示されている[48]。これらの資質・能力は，課題の解決に向けた手続的知識と言い換えることができる。

　このように，総合的な学習の時間で育成される「知識及び技能」や「思考力，判断力，表現力等」の資質・能力は，ブルームらの言う「知識」として整理することができる。しかし，これらの「知識」は，「知性」と異なる点に留意する必要がある。リチャート（Ritchhart, 2002）は，力強い「知的特徴」に発展する「知的性向」の育成に焦点を当てる必要性を指摘している[49]。知的特徴とは，時間の経過とともに形成される行動，思考，そして相互作用の「パターン」であり，ブルームらの言う「知識」はこれに当てはまる。一方で，知的性向は，適切な状況や文脈においていつでも出現し得る用意ができている状態を指し，知的特徴の

基盤となる性質と言える。これは、「学びに向かう力，人間性等」と深く関わる性質である。

「学びに向かう力，人間性等」については，よりよい生活や社会の創造に向けて，自他を尊重すること，自ら取り組んだり異なる他者と力を合わせたりすること，社会に寄与し貢献することなどの適正かつ好ましい態度として「知識及び技能」や「思考力，判断力，表現力等」を活用・発揮しようとする資質・能力が想定されている。「『感性や思いやり』など，児童生徒一人一人のよい点や可能性，進歩の状況などを積極的に評価し児童生徒に伝えることが重要である」[50]と示されているが，これらは観点別学習状況の評価や評定にはなじまず，個人内評価を通じて見取るものとされている[51]。総合的な学習の時間では，これまでも個人内評価が大切にされてきたが，非認知的な側面が強調されるが余り，児童生徒の情動や社会性を直接的に評価する（例えば，「学習対象に興味がある」とか「社交的である」といった性質を評価する）こともあったかもしれない。しかし，総合的な学習の時間における「学びに向かう力，人間性等」として例示されている主体性や協働性，自己理解や他者理解，将来展望や社会参画などに関わる心情や態度は，情動的な側面（目標の達成や情動の抑制など）や社会的な側面（他者との良好な関係を築くなど）を有しているが，同時に知性を伴う資質・能力と考えられる。

構成主義的情動理論を提唱しているバレットによると，情動は生得的で普遍的なものではなく，また，感情とも異なり，身体と外界の相互作用をもとに構築された知覚（perception）であるという[52]。さらに，自己の情動の経験や他者の情動を知覚するためには情動概念（emotion concept）をもつ必要があるという。情動概念は動的であり，個々のインスタンス（個々の具体的な経験に対応する心的構築物，instance）により形成される。構成主義的情動理論に基づけば，総合的な学習の時間で様々な勤労者との関わりを通して感じ取る勤労者の喜びや苦労，町づくりや地域活性化に取り組む人々と協働して得られる充実感や達成感などは，単なる感情ではなく，極めて知的な理解を含んだ情動と解釈することができる。このような情動に関する知的な側面について，野崎（2015）は「情動知能」として整理し，情動知能が「複雑かつ幅広い情動につ

いての宣言的知識」や「求められれば実行可能な情動と関連する能力」で構成されることを明示している[53]。

　社会性についても，知性とは切り離せない関係にある。社会性の基盤となるのが，社会的コンピテンスである。久木山（2012）によると，社会的コンピテンスは，個々の内面で生じている観察不可能な能力であり，他者の意図や思考を推察するといった認知的側面と，不快情動の制御といった情動的側面の二つの側面から構成されている[54]。ソーンダイクとステイン（Thorndike & Stein, 1937）は，「人を理解し，調整する能力」を「社会的知能」[55]（social intelligence）と定義しているが，社会的知能は，社会的コンピテンスの認知的側面を指すものと考えられる。なお，社会的コンピテンスが観察可能な行動として生起したものが，「社会的スキル」（social skills）である。社会的スキルについては様々な定義があるが，一般的には「他者と調和的で効果的な関係を確立できる能力」（Segrin, 2001）[56]とされる。

　社会的知能や社会的スキルは，総合的な学習の時間においては，例えば情報を収集するためにインタビューを実施したり，地域の環境保全や活性化といった目的のために地域の人々に協力を求めたりするといった他者との相互作用の中で発揮されるものと考えることができる。

　社会的コンピテンスはその定義からも明らかなように，情動的側面を有しており，情動知能と深く関連している。その一方で，仲間やグループで取り組むためのスキルやインタビューを効果的に実施するためのスキル，地域の人々に協力してもらうための呼びかけや発表をするためのスキルなどは，「知識及び技能」や「思考力，判断力，表現力等」と深く関わってくる。

　そして，自分自身の情動概念や社会的スキルは自覚化されることで一層強く確かなものになる。すなわち，自分自身の情動の源泉がどこにあるのか，どのような個々のインスタンスが結びついて情動が形成されるのか，仲間やグループで取り組むことのよさ，他者に自分たちの考えや意見を伝えることの大切さといった抽象的な概念についてメタ認知的知識を働かせることが，情動や社会性の促進に深く関わると言える。

　さて，ここで，総合的な学習の時間で育成を目指す資質・能力の三つの柱の

関係性について，社会性，情動，知性の視座から整理してみたい。イライアスら（Elias et al., 1997）は，著書『社会性と感情の教育』の中で，総合的なカリキュラムにおける社会性と情動の学習の活用について，生態学に関する総合的な単元を例に挙げ，「こうしたことは，もちろん生徒たちがもっている多次元的な知能を投入する形で実践される。SEL〔筆者注：社会性と情動の学習〕の概念とスキルを教科と統合することで，教師は，生徒たちを社会的関係と創造的関係の生き生きとした状況に引き込み，基礎的なスキルの学習を充実させる。その状況は，生徒たちがあとになってその情報を活用するのを助けるような記憶の『促進剤』の役割を果たす」[57]と論じている。イライアスらの主張は，総合的な学習の時間のような総合的なカリキュラムにおいて，社会性や情動を発揮しながら課題の解決に取り組むことが，知性の促進につながるというものである。すなわち，社会性や情動が知性の育成を下支えするという関係性を示唆している。

　その一方で，上で論じたように，「学びに向かう力，人間性等」は，情動や社会性そのものではない。この点について，石井ら（2021）は，「入口の情意」と「出口の情意」と説明している[58]。入口の情意とは，興味・関心・意欲などの学習を支える情意であり，授業の目標として掲げるものではなく，授業の進め方を調整する手がかりとなるものを指す。一方で，出口の情意は，教科の中身に即して形成される態度や行動の変容であり，授業の目標として位置付け得るものとしている。入口の情意も出口の情意も，「学びに向かう力，人間性等」を構成する要素であることは間違いないが，育成を目指す資質・能力（すなわち，評価の対象）としての「学びに向かう力，人間性等」は，石井らの言う出口の情意であり，この出口の情意こそが，知性を伴う情動であり社会性であると考えることができる。

　以上の議論を基に，総合的な学習の時間において育成を目指す資質・能力を情動，社会性，知性の視点から整理すると，図2のようになる。

　「学びに向かう力，人間性等」としての社会性や情動は，資質・能力の全体像において土台としての機能を有することは間違いないが，単に「知識及び技能」，「思考力，判断力，表現力等」を下支えするという一方的な関係にあるのではな

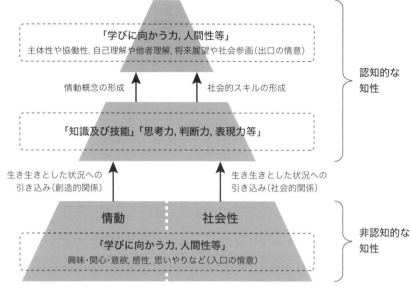

図2 総合的な学習の時間で育成を目指す資質・能力と社会性, 情動, 知性の関係

く, 知性を伴う社会性や情動が「学びに向かう力, 人間性等」として発揮される。すなわち, 資質・能力の三つの柱, 社会性や情動と知性は図のように相互補完的・調和的で重層的な関係にあると結論付けられる。

Ⅴ 総合的な学習の時間における知性, 社会性, 情動を育成するための学習指導

　このように考えると, 総合的な学習の時間で育成を目指す資質・能力を育成するための学習指導の在り方が見えてくる。

　社会性や情動と知性が相互補完的・調和的で重層的な関係にあることから, どれか一つの側面を取り出して促進しようとする学習指導はなじまない。それぞれをバランスよく育成する必要がある。特に, 知性については, 情動や社会性が資質・能力の土台に位置していることから, これらの資質・能力の育成を抜きにして育成を目指す学習指導は, 資質・能力のバランスを著しく欠くもの

となる。

　情動は，情動をかき立てられる探究課題や学習活動の設定が必要である。児童生徒にとって取り組む必然性の感じられる課題への取組（例えば，衰退する地域における活性化に向けた取組や自分自身の将来展望を模索する取組など）や，興味や関心を引く課題への取組（例えば，食や健康をめぐる問題の解決への取組など）が考えられる。

　社会性については，他者と積極的に関わり合ったり，協働的に学習したりする必然性のある学習活動の設定が不可欠である。このような学習活動は，「適度な困難のある課題」[59] において見られる。例えば，地域の自然環境の保全や福祉問題の解決といった，児童生徒が自分だけの力では解決することが困難な課題について，グループやクラスで一緒に解決に向けて取り組んだり，地域の大人を巻き込んだりすることにより，社会性は発揮されたり促進されたりするだろう。

　遠藤（2017）は，情動や社会性の増進を志向する場合には，「オンライン型の教育的営為」，すなわち，「子供が当事者として，まさにある問題状況に置かれている，あるいはそこからあまり時間を置かない直後のタイミングで，あるいはそうした当事者としての自身の過去のリアルな経験を想起させた上で，何らかの教育的働きかけを行うこと」が有効であることを指摘している[60]。すなわち，学習活動に対する即時的なフィードバックにおいて，情動や社会性に対するメタ認知を支援することが重要である。例えば，「私は学習活動を通してどのような価値観や意見が形成され，意思決定をしたのか。」，「私のしたことの何が効果的だったか。なぜそれが効果的だったか。」，「私が他者と一緒に取り組んだことが，どのような影響をもたらしたか。」といった，自分の社会性や情動について，自ら語れるように支援することが肝要である。

　知性の育成に関しては，「本質的な問い」が極めて重要な意味をもつ[61]。本質的な問いとは，一つの明確な答えがあるわけではなく，生涯において何度も問い直され，その答えが更新され続けるような問いである（詳細は本書8章160頁〜161頁を参照されたい）。総合的な学習の時間においては，例えば，「多文化共生社会の実現は私たちの生活をどのように変えるのか」，「働くことの意味や価値は何か」といった重大な観念につながる問いが考えられる。本質的な問

いに迫るためには，統合的・文脈的なアプローチが求められる。統合的・文脈的アプローチとは，具体的な行動から概念化された多様な能力を再文脈化して統合的に活用できるようにする学習方略であり，要素的・脱文脈的アプローチと対極にある。

　総合的な学習の時間では，各教科等において身に付けた様々な資質・能力等を現実の文脈に即して再文脈化し統合的に活用することが期待される。ここでは，教科の学習で獲得する知識がどのように再文脈化して統合的に活用されるかについて考えてみたい。

　教科固有の知識については，教科の知識（教科の内容に関する知識，disciplinary knowledge）とエピステミックな知識（教科の手続きに関する知識，epistemic knowledge）に分類されるが，教科の知識は，新しい知識が生み出されるための原材料（raw materials）としての役割をもち，教科横断的な知識，エピステミックな知識，手続的知識の基盤になる[62]。つまり，児童生徒が様々な教科の知識を獲得することが，異なる学問分野同士を組み合わせることや，その知識が様々な場面で実際にどのように活用されているのかを理解すること，知識を活用するための様々なプロセスや方法について学ぶことにつながるのである。

　しかし，種種雑多な教科の知識が自然に教科横断的な知識やエピステミックな知識，手続的知識に昇華されるものではないこともまた明らかである。豊富な教科の知識の獲得は，教科横断的な知識やエピステミックな知識，手続的知識の獲得するための必要条件ではあるが，十分条件ではない。児童生徒にとって異なる学問分野同士を組み合わせる必然性が感じられること（教科横断的な知識の獲得），その知識が様々な場面で実際に活用する機会があること（エピステミックな知識の獲得），そして知識を活用するための様々なプロセスや方法についてメタ認知的知識を働かせること（手続的知識の獲得）が重要となる。

おわりに

　本章では，総合的な学習の時間が育成を目指してきた資質・能力の変遷を追いながら，現代の総合的な学習の時間が育成を目指す資質・能力について，知

性，社会性，情動の視点から検討し，資質・能力を育成するための学習指導の在り方について考察した。

　今次の学習指導要領の改訂で，総合的な学習の時間においても「知識・技能」の育成が求められることになったが，これは決してかつての「詰め込み教育」への回帰を意味するものではない。総合的な学習の時間がこれまでに育成してきた社会性や情動については引き続き大切にしながらも，総合的な学習の時間において重要視されてこなかった知性の育成についても目を向けることの必要性が問われていると受け止めるのが妥当であろう。

　2017年，2018年改訂の学習指導要領については，小学校は2020年度，中学校は2021年度，高等学校は2022年度から全面実施を迎えている。今後は，総合的な学習の時間において育成を目指す資質・能力について，社会性や情動といった側面に限らず，知性についても意識をしながら，これらを相互補完的・調和的に育成する学習指導が一層充実することを期待したい。

（加藤　智）

【付記】
本章は，下記の論文を加筆・修正したものである。
加藤智「新学習指導要領における総合的な学習の時間が育成する資質・能力——認知的能力・非認知的能力の視点からの考察——」『愛知淑徳大学論集　文学部篇』第47号，2022年，65～80頁。

【注】
1)　文部科学省ホームページ「育成すべき資質・能力の三つの柱」
　　https://www.mext.go.jp/content/1421692_7.pdf（2022年10月1日確認）
2)　文部科学省「中央教育審議会教育課程部会　生活・総合的な学習の時間ワーキンググループ資料9-2」https://www.mext.go.jp/b_menu/shingi/chukyo/chukyo3/064/siryo/__icsFiles/afieldfile/2015/11/25/1364627_2.pdf（2022年10月1日確認）
3)　McClelland, D. Testing for competence rather than "Intelligence". *American Psychologist,* 28, 1973, pp.1-14.
4)　加藤恭子「日米におけるコンピテンシー概念の生成と混乱」『産業経営プロジェクト報告書（一般研究）』日本大学経済学部産業経営研究所所報，2011年，2頁。

5) Wood, R. & Payne, T. *Competency Based Recruitment and Selection,* Wiley, 1998.

6) 加藤恭子，上掲書，4 頁。

7) 松尾知明「21 世紀に求められるコンピテンシーと国内外の教育課程改革」国立教育政策研究所『国立教育政策研究所紀要』2017 年，12 頁。

8) ドミニク.S.ライチェン・ローラ.H.サルガニク編著，立田慶裕監訳『キー・コンピテンシー――国際標準の学力をめざして――』明石書店，2006 年，69 頁。

9) 同上書，73 頁。

10) 同上書，66 頁。

11) 同上書，10 頁。

12) OECD. *The Definition and Selection of Key Competencies Executive Summary,* 2005, p.5.

13) 藤井も，「一読の限りでも，『コンピテンシー』と『コンピテンス』の混在は明らかである」と指摘している。
藤井穂高「OECD のキー・コンピテンシーの理論的根拠に関する一考察（3）――『コンピテンシー』に焦点を当てて――」筑波大学人間系教育学域『筑波大学教育学系論集』2019 年，51 頁。

14) 小塩真司編著『非認知能力――概念・測定と教育の可能性――』北大路書房，2021 年，4 頁。

15) P. グリフィン，B. マグゴー，E. ケア編，三宅ほなみ監訳『21 世紀型スキル　学びと評価の新たなかたち』北大路書房，2014 年。

16) 同上書，89 頁。

17) 奈須正裕「スキル・コンピテンシー」日本生活科・総合的学習教育学会『生活科・総合的学習事典』2020 年，113 頁。

18) 文部科学省・育成すべき資質・能力を踏まえた教育目標・内容と評価の在り方に関する検討会――論点整理――（2014 年 3 月 31 日）https://www.mext.go.jp/component/b_menu/shingi/toushin/__icsFiles/afieldfile/2014/07/22/1346335_02.pdf（2022 年 10 月 1 日確認）

19) 奈須正裕『教科の本質を見据えたコンピテンシー・ベイスの授業づくりガイドブック――資質・能力を育成する 15 の実践プラン――』明治図書，2017 年，9 頁。

20) 文部科学省『小学校学習指導要領（平成 29 年告示）解説　総則編』2017 年, 35 頁。

21) 同上書，36 頁。

22) 中央教育審議会「21 世紀を展望した我が国の教育の在り方について（第一次答申）」（1996 年 7 月 19 日）https://www.mext.go.jp/b_menu/shingi/chuuou/toushin/960701.htm（2022 年 10 月 1 日確認）

23) 同上。

24) 文部省『小学校学習指導要領』1998，2〜3頁。

25) 文部省『小学校学習指導要領解説　総則編』1999，47頁。

26) 同上，43頁。

27) 例えば，「学校の教育活動全体の中での位置付けや，計画的な指導を行うことの必要性が明確に示されていない例が見受けられた」との指摘があり，一部で「場当たり的」な指導が行われていたことが読み取れる。そのため，2003年の学習指導要領一部改正において，各学校は総合的な学習の時間の全体計画を作成することが求められることとなった。文部省『小学校学習指導要領』1998年，61頁。

28) 村川雅弘「総合的な学習とカリキュラム」日本カリキュラム学会『現代カリキュラムの動向と展望』教育出版，2019，54頁。

29) 文部科学省『小学校学習指導要領（平成15年12月一部改正)』，2003年，2〜3頁。

30) 文部省（1999），上掲書，47頁。

31) 村川も同様に「学校現場の総合的な学習に対する熱が一気に冷めていった。」と評している。
村川雅弘，上掲書，54頁。

32) 文部省（1999），上掲書，55頁。

33) 2003年の中央教育審議会答申では，総合的な学習の時間について，「目標」や「内容」が明確でなく検証・評価が不十分な実態があると指摘されている。
中央教育審議会「初等中等教育における当面の教育課程及び指導の充実・改善方策について（答申)」2003年。
なお，2008年の学習指導要領の改訂以降には，例えば以下の報告のように，学校独自の「内容構成表」を作成し，生活科及び総合的な学習の時間の6年間の系統性（シークエンス）に沿って，「愛着」，「見識」，「生き方（展望と成就感）」の視点で資質・能力の具体化を図る実践が見られるようになった。
小川修一「『ふるさと・ふくしま』をつくる子どもが育つ八女ふくしまプランの実践〜『ひとと学びたいム』を位置付けた単元構成を通して〜」日本生活科・総合的学習教育学会『生活科・総合の実践ブックレット』第2号，2014年，88〜89頁。

34) 文部科学省『小学校学習指導要領』2008年a，110頁。
文部科学省『高等学校学習指導要領』2009年，292頁。

35) 文部科学省『小学校学習指導要領解説　総合的な学習の時間編』2008年b，16頁。

36) 文部科学省（2008b），上掲書，30頁。

37) 文部科学省『今，求められる力を高める総合的な学習の時間の展開（小学校編)』教育出版，2011年，70頁。

38) 国立教育政策研究所教育課程センター『総合的な学習の時間における評価方法等の工夫改善のための参考資料【小学校】』教育出版，2011 年，3〜5 頁。

39) 同上書，5 頁。

40) 同上書，5 頁。

41) 数少ない研究の中で，以下は，総合的な学習の時間で育成されるキー・コンピテンシーの具体像を明らかにする試みとして評価できる。
渡邊沙織「生活科・総合的な学習の時間に見られるキー・コンピテンシーの具体の姿：実践事例集ブックレットからの示唆」日本生活科・総合的学習教育学会『せいかつか＆そうごう』第 17 号，2010 年，98〜105 頁。

42) 黒上晴夫「資質・能力の三つの柱と目標の改訂」田村学編『平成 29 年度版　小学校新学習指導要領の展開　総合的な学習編』明治図書，2017 年，19 頁。

43) 文部科学省『小学校学習指導要領（平成 29 年告示）解説　総合的な学習の時間編』2017 年，78 頁。

44) Bloom, B. S., Krathwohl, D. R. & Masia, B. B. *Taxonomy of Educational Objectives. Handbook 1: Cognitive Domain,* Addison-Wesley Longman, 1956.

45) 石井英真「『改訂版タキソノミー』によるブルーム・タキソノミーの再構築――知識と認知過程の二次元構成の検討を中心に――」日本教育方法学会『教育法法学研究』第 28 巻，2002 年，51 頁。

46) Anderson, L. W. & Krathwohl, D. R. (eds.) *A Taxonomy for Learning, Teaching, and Assessing: A Revision of Bloom's Taxonomy of Educational Objectives,* Addison-Wesley Longman, 2001.

47) 石井英真（2002），上掲書，50 頁。

48) 文部科学省（2017），上掲書，80 頁。

49) Ritchhart, R. *Intellectual character: What it is, why it matters, and how to get it.* San Francisco: Jossey-Bass, 2002.

50) 文部科学省「小学校，中学校，高等学校及び特別支援学校等における児童生徒の学習評価及び指導要録の改善等について（通知）」（2019 年 3 月 29 日）https://www.mext.go.jp/b_menu/hakusho/nc/1415169.htm（2022 年 6 月末確認）

51) 国立教育政策研究所『「指導と評価の一体化」のための学習評価に関する参考資料　小学校　総合的な学習の時間』2020 年，8 頁。

52) リサ・フェルドマン・バレット著，高橋洋訳『情動はこうしてつくられる――脳の隠れた働きと構成主義的情動理論――』紀伊國屋書店，2019 年，519 頁。

53) 野崎優樹「情動知能と情動コンピテンスの概念上の差異に関する考察」『京都大学大学院教育学研究科紀要』第 61 号，2015 年，276 頁。

54) 久木山健一「社会的スキルと社会的コンピテンス」速水敏彦, 陳惠貞, 浦上昌則, 高村和代, 中谷素之『コンピテンス――個人の発達とよりよい社会形成のために――』2012 年, 109〜118 頁。

55) Thorndike, R. L. & Stein, S. An evaluation of the attempts to measure social intelligence. *Psychological Bulletin,* 34, 1937, pp.275-285.

56) Segrin, C. Social skills and negative life events: Testing the deficit stress generation hypothesis. *Current Psychology,* 20, 2001, pp.19-35.

57) M.J.イライアス他著, 小泉令三編訳『社会性と感情の教育 教育者のためのガイドライン 39』北大路書房, 1999 年, 103 頁。

58) 石井英真, 鈴木秀幸編著『ヤマ場をおさえる学習評価 小学校』図書文化社, 2021 年, 48 頁。

59) 中野真志, 山田泰弘「生活科・総合的学習における協同的な学び」中野真志, 加藤智編『探究的・協同的な学びをつくる――生活科・総合的学習の理論と実践――』三恵社, 2015 年, 34〜37 頁。

60) 遠藤利彦（研究代表者）「非認知的（社会情緒的）能力の発達と科学的検討手法についての研究に関する調査報告書」国立教育政策研究所, 2017 年, 23 頁。

61) Wiggins, G. & McTighe, J. *Understanding by Design.* Alexandria, Association for Supervision and Curriculum Development, 2000.
G. ウィギンズ・J. マクタイ著, 西岡加名恵訳『理解をもたらすカリキュラム設計――「逆向き設計」の理論と方法』日本標準, 2012 年, 130〜132 頁。

62) 白井俊『OECD Education2030 プロジェクトが描く教育の未来――エージェンシー, 資質・能力とカリキュラム――』ミネルヴァ書房, 2020 年, 102 頁。

3章 創設期における総合的な学習の時間が目指し育んだ「生きる力」の実際
—「認知的能力」と「非認知的能力」の調和的成長—

I 「生きる力」の登場と総合的な学習の時間の創設

　1998（平成10）年7月，「生きる力」を育むことを目指した教育課程審議会答申において「総合的な学習の時間」の創設が提言された。当時，「生きる力」は，「いかに社会が変化しようと，自分で課題を見つけ，自ら学び，自ら考え，主体的に判断し，行動し，よりよく問題を解決する資質や能力」「自らを律しつつ，他人とともに協調し，他人を思いやる心や感動する心など，豊かな人間性」「たくましく生きるための健康や体力」[1]というように知・徳・体の三面から定義された。さらに，総合的な学習の時間の創設の趣旨として，「自ら学び自ら考える力などの『生きる力』をはぐくむことを目指す今回の教育課程の基準の改善の趣旨を実現する極めて重要な役割を担う」[2]とされた。つまり，全人的な力である「生きる力」を育むために，総合的な学習の時間の創設を通じて，その目標を達成することが示されたのである。

　このように，鳴り物入りで創設された総合的な学習の時間であったが，2002年1月，「学力低下」論に対応する形で，文部省（当時）は，「学びのすすめ」を出した。そのことを受け，2003年12月には，学習指導要領が一部改正され，当時の論調は，「現行（1998年）の学習指導要領の見直し」が「基礎・基本の重視」から「総合的な学習の時間の失敗」となり，学校現場の総合的な学習の時間に対する熱も一気に冷めていったという[3]。以降，「学力低下論争」と「ゆとり教育批判」を経た2003年頃からは，「生きる力」という言葉のキャッチフレーズとしての求心力も弱まっていったとされている[4]。

　では，「創設期」[5]における総合的な学習の時間では，その実際においてどのような児童生徒の「生きる力」を目指し育んだのか。これまでの研究では，総合

的な学習の時間で育まれた「学力」に関して，日本生活科・総合的学習教育学会が全国的な調査を通じて分析したものがある。小学校では，質の高い実践によって「質の高い思考力」「質の高い情報活用能力」「協同的な問題解決能力」「地域社会へ貢献しようとする意識」「新しい社会的課題へ挑戦する意欲」が育成されたことを明らかにしている[6]。また，OECD（2014）は，PISA2012 調査における日本の学力の復活の要因が，総合的な学習の時間にあったのではないかという見通しを示している[7]。しかし，「創設期」に限定してみれば，総合的な学習の時間が目指し育んだ「生きる力」の実際について，十分に検証されてきたとは言い難い。

　ところで，総合的な学習の時間の創設に際し，文部省は，1999-2001 年度の三か年にわたり，都道府県ごとに原則として小・中・高等学校のいずれか一校種を研究開発学校に指定して総合的な学習の時間の研究開発を進めていた。研究開発学校では，通常の教育課程の規定を離れ，研究課題に合わせて教科や科目を独自に設定したり，授業時間を自由に配当したりすることが可能となっていた[8]。そのような総合的な学習の時間の創設に関する研究開発学校が果たした役割を検証するために，創設期においては，総合的な学習の時間を通じていかなる「生きる力」が目指され育まれていたのか，その実際を明らかにする必要があるだろう[9]。

　そこで，本章では，1999-2001 年度の総合的な学習の時間の創設に関する研究開発学校の中でも，東海地方における唯一の小学校であった岐阜県美濃加茂市立太田小学校（以下，太田小）の総合的な学習の時間である「大いちょうタイム」[10]に着目する。創設期における太田小の「大いちょうタイム」では，「生き方の土台」（困難にくじけず継続的に追求する態度，他者を大切にする態度，自らの生き方を見つめる態度，社会に役立って生きようとする態度）及び「問題解決の資質や能力」（問題をとらえる力，解決の見通しを持つ力，情報を収集する力，情報を構成する力，情報をつくり出す力，情報を伝える力）が評価の観点として示され，総合的な学習の時間の研究開発が進められていた[11]。すなわち，太田小の「大いちょうタイム」は，創設期における総合的な学習の時間のパイロットモデルになったと捉えられる。

当時の太田小が作成した「大いちょうタイム」の年間指導計画に対して，中留（2002）は，「共生において培うべき資質，能力（問題解決の資質，能力）のスキルを情報スキル（問題をとらえる力，解決の見通しをもつ力，情報を収集する力，情報を構成する力，情報をつくり出す力，情報を伝える力）として，更にそれらのより具体的なスキル（たとえば，メモの取り方，絵の編集，TC，デジタルカメラ，ビデオカメラの使い方など）を，学習活動に連関させた様式で位置づけている」[12] ことを評価している。ところで，中留が評価している「共生において培うべき資質，能力（問題解決の資質や能力）」とは，「基礎認知能力」「獲得された知識」「外挿された知識」といった「認知的能力」[13] を中心に捉えたものとして理解できるのではないか。田村（2014）は，総合的な学習の時間の創設に際し，「実社会で活用できる能力，いわゆる汎用的能力の育成に向けた時間」として設定されたことについて論及している[14]。すなわち，創設期における太田小の「大いちょうタイム」が目指し育んだ「生きる力」の実相に迫るためには，「認知的能力」だけではなく，「非認知的能力」[15] の側面からも明らかにする必要があろう。以上の視点を踏まえ，創設期における太田小の「大いちょうタイム」が目指し育んだ「非認的知能力」の実際を明らかにし，実践レベルにおいて評価すべき点，改善すべき点を掘り下げて検討する必要があると考えた。

　以下，当時の太田小の「大いちょうタイム」が目指し育んだ「生きる力」の実際について，「非認知的能力」の側面を中心に論じていきたい。そのことにより，これまでに明らかにされてこなかった創設期における総合的な学習の時間が目指し育んだ「生きる力」の実際について，新たな視点を提示することができると考える。

II 岐阜県美濃加茂市立太田小学校における「大いちょうタイム」の研究開発

1 「大いちょうタイム」で育てたい力

　太田小の「大いちょうタイム」という名称は，この学校の校庭に140年以上

の昔から存在し，その生命力の強さと温かさを子どもに与えてくれるシンボルにちなんだ名前であった。この「大いちょうタイム」の研究開発の背景には，次のような経緯があった。太田小では，教育目標「豊かな心を持ち，心身ともにたくましい子の育成」を掲げ，教育活動を展開していた。その教育理念をもとに，1999年度より，社会の変

写真1　太田小学校と学校のシンボル大いちょう（筆者撮影）

化や情勢に対応し，21世紀を生き抜く資質や能力の育成に向け，新たな教育課程の編成をし，研究開発をスタートさせた。単元指導計画の作成にあたっては，①児童を取り巻く地域社会や人，自然との感動的な原体験を設定する。②そこで生じた興味・関心に基づいて，課題を子ども自ら設定できるように導く。③解決の方法を思考し，体験的に追究して自分の考えが持てるように導く。④方法を選んで自分なりに表現する。など，自己決定と試行錯誤を伴う主体的な問題解決学習を大切にするように配慮したと述べている[16]。

　さらに，太田小では，研究開発を始めた二年間で，次のようなことがあったという。「初年度の4年生では，『いかだを作ろう』というテーマを立てようとした児童がいたが，制作のみが目標となってしまうことは明白であった。また，始めは意欲的に取り組んでいても，解決方法が見つからず，はい回って時間がすぎるだけという時間になっていってしまったことがあった。6年生では，『世界のスポーツと日本との結びつき』というテーマを追究しようとしたグループが，身近に聞ける人もなく，少ない資料のみで調べることになってしまい，意欲が削がれたこともある。」[17]このように学習活動が「はい回って時間がすぎるだけ」になってしまったことを反省し，太田小では「大いちょうタイム」を通して育てたい児童の姿を具体的に設定し，つけたい力を明確にして指導することに重きを置くようになった。そこで，「大いちょうタイム」を通して育てたい力を，図1のように整理した。

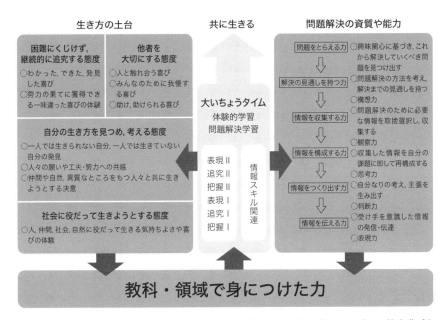

生き方の土台 　　共に生きる 　　問題解決の資質や能力

困難にくじけず，継続的に追究する態度
○わかった，できた，発見した喜び
○努力の果てに獲得できる一味違った喜びの体験

他者を大切にする態度
○人と触れ合う喜び
○みんなのために我慢する喜び
○助け，助けられる喜び

大いちょうタイム
体験的学習
問題解決学習

表現Ⅱ
追究Ⅱ
把握Ⅱ
表現Ⅰ
追究Ⅰ
把握Ⅰ

情報スキル関連

自分の生き方を見つめ，考える態度
○一人では生きられない自分，一人では生きていない自分の発見
○人々の願いや工夫・努力への共感
○仲間や自然，異質なところをもつ人々と共に生きようとする決意

社会に役だって生きようとする態度
○人，仲間，社会，自然に役だって生きる気持ちよさや喜びの体験

問題をとらえる力 ⇒ ○興味関心に基づき，これから解決していくべき問題を見つけ出す

解決の見通しを持つ力 ⇒ ○問題解決の方法を考え，解決までの見通しを持つ ○構想力

情報を収集する力 ⇒ ○問題解決のために必要な情報を取捨選択し，収集する ○観察力

情報を構成する力 ⇒ ○収集した情報を自分の課題に即して再構成する ○思考力

情報をつくり出す力 ⇒ ○自分なりの考え，主張を生み出す ○判断力

情報を伝える力 ⇒ ○受け手を意識した情報の発信・伝達 ○表現力

教科・領域で身につけた力

（太田小『平成 11・12・13 年度 研究開発学校研究紀要』2001 年，36 頁より筆者作成）
図1　「大いちょうタイム」を通して育てたい力

　図1からもわかるように，太田小では，「大いちょうタイム」を通して育てたい力を「共に生きる」ことにつながる「生き方の土台」と「問題解決の資質や能力」の両方から設定していた。

　図の左側の「生き方の土台」は，「非認知的能力」と関係の深いものである。「困難にくじけず，継続的に追求する態度」は，「グリット（困難な目標への情熱と粘り強さ）」や「レジリエンス（逆境をしなやかに生き延びる力）」と関係の深いものである。「他者を大切にする態度」とは，「共感性（他者の気持ちを共有し，理解する心理特性）」と関係の深いものである。「自分の生き方を見つめ，考える態度」とは，「自尊感情（自分自身を価値ある存在だと思う心）」や「共感性（他者の気持ちを共有し，理解する心理特性）」と関係の深いものである。「社会にやくだって生きようとする態度」とは，「楽観性（将来をポジティブにみて柔軟に対処する能力）」や「時間的展望（過去・現在・未来を関連づけて捉えるスキル）」と関係の深いものである。

また，右側の「問題解決の資質や能力」とは，「認知的能力」と関係の深いものである。OECDは，「認知能力」の代表的な例として，「問題解決能力」を示しているが[18]，そのような理解に基づくと，「大いちょうタイム」を通して育てたい力としての「問題解決の資質や能力」は，伝統的な「認知的能力」の育成を目指していたと位置づけることができる。ただし，その内実は，具体的な実践においてどのように育まれていたのかを丁寧に見ていく必要がある。

　さらに，太田小では，「問題解決の資質や能力」の一部として，「児童が自主的・主体的に問題解決を進めていくために必要な情報収集・情報処理・表現方法などの技能や態度」としての「情報スキル」[19]関連の学習にも力を入れていた。この「情報スキル」は，「非認知的能力」の一つである「批判的思考（情報を適切に読み解き活用する思考力）」に関係が深いものである。しかし，この「情報スキル」の内実についても，単元や授業レベルで具体的に見ていく必要がある。

2　「大いちょうタイム」で目指した「生き方の土台」

　太田小では，「生き方の土台」について「人間としての生き方として，自分を生かしながら社会や人に，役立って生きる生き方の土台を作るために，小学校では，これを支える原体験を意図的にさせていくことが大切である」[20]と考えていた。このような考えに基づき，「大いちょうタイム」では，原体験を意図的に構成し，「生き方の土台」を育むことが目指されたのである。「児童にさせたい原体験」とは，次の通りであった。

児童にさせたい原体験
◇目先の楽しさだけではなく，苦労して得る大きな喜びがある体験
◇人を助けたり，助けられたり，支え合うことがうれしいという体験
◇本当にねうちのあるものにすばらしさを感ずる体験

（太田小『平成11・12・13年度　研究開発学校研究紀要』2001年，18頁より引用）

　こうした原体験を通じて，児童に「社会に，人に，役立って生きよう」とす

る「生き方の核」[21]が育まれると考えたのである。そして，児童にこれらの原体験をさせるために，「大いちょうタイム」の実践場面では，学習の場や内容を以下の4点に求めていった。

①身近な地域の発展に努力する人々に直接ふれさせ，地域の人との「共生」を実感させること。
②自然の力や恵みに気付かせ，自分たちも自然の一員であることを自覚させること。
③高齢社会の中で，高齢者とどう手を取り合って生きるか，やがては誰もが行き着く高齢者の生き方について考えさせること。
④それぞれの歩みを持った国々に関心を持ち，お互いの違いを認めつつ，共に生きる道を探らせること。

（太田小『平成11・12・13年度 研究開発学校研究紀要』2001年，19頁より引用）

このような学習の場や内容を踏まえ，太田小では，学年ごとに「ウェビング・マップ」を活用して「大いちょうマップ」[22]を作成し，「大いちょうタイム」の大単元を構想していった（図2）。

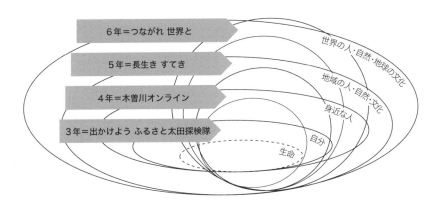

6年=つながれ 世界と
5年=長生き すてき
4年=木曽川オンライン
3年=出かけよう ふるさと太田探検隊

世界の人・自然・地球の文化
地域の人・自然・文化
身近な人
自分
生命

（太田小『平成11・12・13年度 研究開発学校研究紀要』2001年，19頁より筆者作成）
図2　大いちょうタイムの各学年の単元

2001年度の大単元を見てみると，第3学年単元「出かけよう　ふるさと太

田探検隊」，第4学年単元「木曽川オンライン」，第5学年単元「長生き すてき」，第6学年単元「つながれ 世界と」というように，各学年の学習が同心円状に位置づくように構想されていた。すなわち，太田小の「大いちょうタイム」の研究開発では，まず，「生き方の土台」を育むことが目指され，児童に原体験をさせるための学習の場や内容を設定し，学年レベルで大単元を構想していったことが示される。

Ⅲ 2001（平成13）年度における「大いちょうタイム」の学習の実際

1 「出かけよう ふるさと太田たんけんたい」の実践で目指した「生きる力」

　では，太田小の「大いちょうタイム」における実際の単元や授業では，いかなる「生きる力」の育成が目指され，子どもたちはどのような「非認知的能力」を身に付けていたのか。

　以下，創設期における「大いちょうタイム」の中でも代表的な実践として捉えられる2001（平成13）年度・第3学年「出かけよう ふるさと太田たんけんたい」の実践[23]に着目して，単元や授業の実際について明らかにし考察していきたい。この単元は，第3学年を対象に，「身近な地域の行事や地域の文化について見学・調査をし，地域の発展に尽くしている人との関わりを通して，自分たちも地域の人も，この地域の一員であることを実感できる子を育てることをめざして」[24]設定された単元である。地域のお祭りである「おん祭MINOKAMO」（筆者注：美濃加茂市主催の地域の祭り）を教材化した背景については，「地域の祭り『おん祭MINOKAMO』や人との関わりを通じて，郷土のよさを実感し，誇れるような実体験をさせるのが狙いで，身近な地域そのものを教材化している」[25]と説明されている。

　表2には，単元「出かけよう ふるさと太田たんけんたい」の展開（全105時間）を示した。ここからは，単元構成の特徴として以下の二点を指摘することができる。

表2　単元「出かけよう ふるさと太田たんけんたい」の展開（全105時間）

段階		●学習活動　○時間数　☆学外講師有り	情報スキル関連など
出会い	祭りを知ろう⑨	オリエンテーション① ●〈〈大いちょうタイム〉〉の説明 太田の町へ出かけよう④ ●中山道の！や？をみつけよう	インタビューの仕方　話の聞き方①メモの取り方①，グループ活動の仕方①，インタビューの練習①，見学場所の調整・気をつけることなどを聞く①
把握I		太田の祭りを知ろう④　　☆ ●「おん祭MINOKAMO」を探検しよう	入力した文字をカタカナや漢字に変換する②，絵の編集②，絵の一部の保存　絵の一部の呼び出し②
追究I	太田のきらりを見つけよう⑬	祭り大作戦I⑪ ●追究課題やグループを決めよう ●調べる方法を考えよう ●祭りまでにできる活動を考えよう 祭り大作戦II②　☆ ●踊り名人『舞童』の方から踊りを教えてもらおう 祭り大作戦III（夏休みの活動） ●『おん祭MINOKAMO』に参加して取材（祭りの2日間）	テープレコーダー・デジタルカメラ・ビデオカメラの使い方を知り練習②，キューブペイント　部品の保存と呼び出し②
表現I	中間発表をしよう㉕	きらりをまとめよう㉑　☆ ●追究課題をグループで調べよう	取材したことをまとめる表現方法を知る①，発表の名人になるための発表方法を考える①，
把握II		●中間発表をしよう④	聞き手に分かる話し方の工夫を知る①
追究II	きらり大作戦㉖	●学習したことから，伝えたり，広めたりする方法を考え，自分たちでできる太田のきらりのPRの計画をたてよう② ●どんなことをどのようにだれに広めていくのかによってグループを作ろう① ●ぼくらの太田キャンペーン大作戦を展開しよう㉓　☆	発表のために必要な機器の使い方を覚える①
表現II	太田のきらり大発表会をしよう⑬	太田のきらり大発表会をしよう ●保護者やお世話になった人を招いて発表会をする計画をたてる① ●招待状を書く（1年間を振り返られる形式で）⑥ ●発表会をしよう③ ●発表会に来てくださった方にお礼の手紙を出す① 学習のまとめをする② ●1年間の学習のまとめをしよう	

（太田小『平成11・12・13年度 研究開発学校研究紀要』2001年，58〜69頁より筆者作成）

第一に，単元の中で，学外講師と出会わせたり，地域の行事に参加させたりして，地域の人との関わりを大切にした指導を行っている点である。教師は，子どもたちと『おん祭 MINOKAMO』との出会いを前に，実行委員の代表の人たちとの打ち合わせを繰り返し行ったという。このことから，子どもたちに祭りを支える人々の苦労や地道な努力に目を向けさせ，「生き方の土台」を見つめ直させようとしていたのである。

　第二に，単元の展開に応じて，「情報スキル」関連の学習が位置づけられており，地域の問題解決に向けて，それらの指導が繰り返し行われていた点である。子どもたちが太田の街における「きらり」（素晴らしさ）を追究し，伝えたり，広めたりする活動において，「問題解決の資質や能力」としての「情報スキル」の習得と活用が目指されていたのである。

　つまり，「出かけよう ふるさと太田たんけんたい」の実践では，「生き方の土台」と「問題解決の資質や能力」の育成の両方が目指されていたと論じることができる。

2　「出かけようふるさと太田たんけんたい」の学習で育まれた「非認知的能力」

　では，「出かけようふるさと太田たんけんたい」の学習を通じて，実際に子どもたちにはどのような「非認知的能力」が育まれていたのか。

　具体的に現れた子どもの姿は，以下のようなものであった。まず，子どもたちは，地域のために自分たちができることはどんなことなのか話し合い，六つのグループに分かれて，あるグループは，ゴミを捨てないようにと啓発ポスターやカレンダーを作製し，別のあるグループは，駅前通りのゴミを拾うなどの活動を行っていった。そのような活動を経て，子どもたちは，地域の人々に協力してもらいアンケートを実施し，アンケート結果を基に「やさしいふるさと」という歌を作成したという[26]。

　この歌詞からは，子どもたちが活動を通じて，地域の人々と触れ合い，交流を深めていった様子を窺うこともできる。この歌は，その年の『おん祭 MINOKAMO』の会場でも流され，会場では，側溝へのゴミを防止するダンボール製の「側溝ふた」を作成し，設置する活動を行うグループも現れたとい

やさしいふるさと2000♪

作詞・作曲　ふるさと太田探検隊

※星の町　中山道　ぼくたちのふるさと
　太田宿　静かな町　やさしいふるさと
　　駅前通り歩けば　明るい町がひろがる
　　星座のぞう　緑の山　空にかがやく星の町
※くりかえし
　　中山道　古い町　心にひびくよび声
　　わき本陣　うだつの町　歴史のある町　太田宿
※くりかえし
　　ふるさとの町なみは　やさしい人でいっぱい
　　みんなの笑顔　やさしさがきらりとあふれてた
※くりかえし
　　ていぼう上がれば　美しい夕日が見える
　　木曽川だよ　ぼくらの川
　　わくわくさせるよ　せせらぎが
※くりかえし
　　おん祭みのかも名人さん
　　みんなで作る祭りだよ
　　花火大会　太鼓の音　時代行列　盆踊り
※くりかえし

（太田小『平成11・12・13年度 研究開発学校研究紀要』2001年, 66頁より引用）

う。これらの出来事からは，子どもたちが地域の人との関わりを通して，地域のために「自分にできることは何か」と考え，「生き方の土台」を見つめ直していった様子が明らかになる。このような学習の様子からは，以下の三つの「非認知的能力」を成長させていたことがわかる。
　第一に，「好奇心（新たな知識や経験を探究する原動力）」に関わる資質・能力である。「やさしいふるさと2000♪」の歌詞の内容やその作成過程より，ふるさとのよさを見つけようと地域の人々にアンケート調査を実施し，地域の人との関わりながら「好奇心」をもって探究していった様子が明らかになる。

第二に、「共感性（他者の気持ちを共有し，理解する心理特性）」に関わる資質・能力である。地域のために「自分にできることは何か」と考え，「生き方の土台」を見つめ直していったという姿からは，地域に住む人たちに「共感性」をもって関わっていった姿が示される。

　第三に、「誠実性（課題にしっかりと取り組むパーソナリティ）」に関わる資質・能力である。地域のために自分たちができることはどんなことなのか話し合い，ゴミを捨てないようにと啓発ポスターやカレンダーを作製したり，駅前通りのゴミを拾うなどの活動を行ったりしたという姿からは，「誠実性」をもって地域社会をより良くしようとする態度が育まれたことがわかる。

　しかし，実践後の太田小の研究紀要においては，「オリエンテーションでの説明だけでは見通しをもたせることは難しい。段階ごとの振り返りなどを活用して活動内容や活動方法の確かめなど，見通しをもたせる機会を設けることが必要である。」[27] と述べられていた。すなわち，実践上の課題として，見通しをもって学習をすすめることが難しかったという事実も示される。こうした事例からは，総合的な学習の時間において「時間的展望（過去・現在・未来を関連づけて捉えるスキル）」や「自己制御・自己コントロール（目標の達成に向けて自分を律する力）」という「非認知的能力」を育成するために，段階ごとの振り返りなどを活用したり，活動内容や活動方法をその都度確認したりすることが重要であることが示唆される。

Ⅳ 「大いちょうタイム」における「非認知的能力」の評価方法

1 「生き方の土台」に関する自己評価の観点

　本節では，太田小の「大いちょうタイム」における「非認知的能力」の評価方法について述べたい。その中でも，「非認知的能力」に関連の深い「生き方の土台」に限定してみていきたい。

　太田小の子どもたちは，「大いちょうタイム」において「大いちょうファイル（ポートフォリオ）」[28] を綴り，自己評価に取り組んでいた。中でも特徴的であっ

表4 「生き方の土台」に関する育てたい力と結んだ段階の自己評価の観点

項目	3年	4年	5年	6年
困難にくじけず継続的に追究する態度	困ったこともあるけれど, 自分も我慢して, 工夫したり協力し合ったりして進められる。			
<粘り強く「追究」できる>	学習を進めていくとわかってくるおもしろさがあった。		初めに持った疑問や課題を, 最後まで調べることができた。自分の得意なことや, 自分の良いところが出せた。	
他者を大切にする態度	情報スキルで学んだルールやマナーを守って人に話を聞けた。		お年寄りや講師の人に丁寧な言葉遣いや優しい態度で接したり, 話を聞いたりした。	いろいろな外国の人と進んで触れ合ったり, 外国のことを知ろうとした。
<相手を大切にできる>	講師の人やお母さん達に教えてもらえてよかったと思うことが, たくさんあった。友だちのアイデアや活動に, なるほどなぁと思うことや, 発見があった。			外国の人や外国と関わって活動する人の気持を考えて接することができた。
自ら生き方を見つめ考える態度	自分も太田に住む一人としてやれることがあるのではないかと考えることができた。	木曽川のすごさに気付きその大切さを知り, 自分たちでできることからやっていこうと思う。	お年寄りに対して自分なりにこんなことをやってみたいなという自分の目標を持った。	自分の生活と同じところや違うところに目を向け, 考えようとした。
<自分の目標ができる>	太田の地域のために自分なりの方法で取り組んでみる。	自然への気遣いや, その大切さを知り, 自分たちでやれることからやっていこうと思う。	お年寄りに対して自分なりにできることや考えたことを, 行動してみる。	世界の中の自分を考え, 自分なりにこんなことができるのではないかという目標を持った。
社会に役立って, 生きようとする態度	太田をよりとくしようとしている人々の努力や取り組みに, すごいなぁと思う。	自然そのものや関わっている人々の工夫になるほどなぁ, すごいなぁと思う。	お年寄りの努力や生き方になるほどな, すごいなぁと思う。	外国の人や外国で実際に活動している人の努力や生き方に, なるほどなぁと思った。
<一緒に歩むことを大事にする>	自分も太田の地域に生きる一人であり, そのよさを大事にしようと思った。	環境を守ることは自分たちにとっても大事であることがはっきりしてきた。	お年寄りの努力や生き方になるほどなぁと思い, その気持を大切にしようと思った。	相手を知ること, 文化を比べることで, お互いの国の文化の意味がわかった。

（太田小『平成11・12・13年度 研究開発学校研究紀要』2001年, 38〜39頁より筆者作成）

たのは，「生き方の土台」と「問題解決の資質や能力」の両方が，子ども自身で評価できるように，学年や発達の段階に応じて，具体的な窓として示されていた点である。「育てたい力と結んだ段階の自己評価の観点」は，表4のように示されていた。

表4からは，「生き方の土台」に関する自己評価の観点が，段階ごとに具体的な姿として示されていることがわかる。中でも，「困難にくじけず計測的に追究する態度」は「グリット」に，「他者を大切にする態度」は「共感性」に，「自ら生き方を見つめ考える態度」は「セルフ・コンパッション」に，「社会に役立って生きようとする態度」は「自尊感情」に，それぞれ関連の深い観点であったことが明らかになる。なお，評価時期は，活動の節目である「中間発表会」の後に一回，そして1年間の学習を締めくくる「表現Ⅱ」の後に行う2回とし，自分のよさや伸びを分析することとされていた。すなわち，「大いちょうタイム」においては，「非認知的能力」に関連の深い「生き方の土台」に関して，年間を通じた学習の過程において定期的に自己評価されていたことが明らかになる。

2　自己評価のためのレーダーチャート

太田小の「大いちょうタイム」において，子どもたち自身が自己評価を行うために作成されていたのが，図3に表したワークシート[29]である。レーダーチャート形式のグラフにしたのは，自己評価の観点に基づいて一年間をかけて限りなく円に近づけるように努力していく目標が視覚的によくわかるためだとされた。

ワークシートの記述からは，「ねばり強く『追究』できる」「相手をたいせつにできる」「いっしょに歩むことをだいじにする」などの資質・能力の成長を大切にしていた学習の様子を窺える。このような資質・能力の成長は，「非認知的能力」の「グリット」や「共感性」の発達と関連の深いものである。したがって，「大いちょうタイム」における評価の実際においては，レーダーチャート形式のワークシートによって「認知的能力」と「非認知的能力」の両方を総合的に評価する方法が取り組まれていたことがわかる。

なお，当時，太田小で「大いちょうタイム」の研究開発に関わっていた谷口

図3 「大いちょうタイム」で育った力

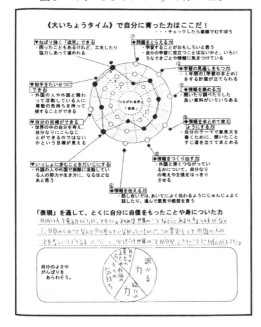

敦哉先生（現：太田小教頭）からは，前年度「大いちょうタイム」の学習を終えた子どもたちは，新年度の最初に，「今年は，どんな人に会えるの？」[30] と聞いてきたという。ここからは，「好奇心」や「問題意識」をもって「大いちょうタイム」に取り組んでいた学習の姿も示される。「大いちょうタイム」の年間の学習を通じて，子どもたちは，「生き方の土台」と「問題解決の資質や能力」の両方の調和的成長を果たしていたといえる。

Ⅴ 創設期における「大いちょうタイム」が目指し育んだ「非認知的能力」

　本章では，創設期における総合的な学習の時間で目指し育んだ「生きる力」の実際について，太田小の「大いちょうタイム」を基に，「非認知的能力」の側面を中心に検討してきた。本章のまとめとして，以下の３点について論じることができる。

　第一に，太田小の「大いちょうタイム」が目指し育んだ「生きる力」には，「好奇心」「共感性」「誠実性」という「非認知的能力」の成長も含まれていたことである。「出かけようふるさと太田たんけんたい」の学習の場合，子どもたちが地域を舞台に「好奇心」を持って探究を行い，地域に住む人たちに「共感性」をもって関わり，「誠実性」をもつという資質・能力の育成が目指されてお

り，地域社会をより良くしようとする態度が育まれていた。つまり，創設期における総合的な学習の時間では，「非認知的能力」として「好奇心」「共感性」「誠実性」の育成も目指され，大きく育まれていたことが明らかになった。

　第二に，太田小の「大いちょうタイム」の実践において注目される点は，レーダーチャート形式のグラフによって，「認知的能力」と「非認知的能力」の成長を総合的に捉え評価しようとしていたことである。太田小の子どもたちは，「大いちょうファイル（ポートフォリオ）」を綴り，自己評価の活動に取り組んでいた。また，自己評価の観点としての「生き方の土台」や「問題解決の資質や能力」は，学年や発達の段階に応じて，具体的な窓として示されていた。なかでも，創設期において「非認知的能力」に関連の深い「生き方の土台」に関する観点が，具体的に示されていたことは注目すべき点である。

　第三に，太田小の「大いちょうタイム」の学習より示唆される点は，「時間的展望」「自己制御・自己コントロール」といった「非認知的能力」の育成が重要だということである。「出かけようふるさと太田たんけんたい」の学習の様子からは，「時間的展望」「自己制御・自己コントロール」を育成するために，段階ごとの振り返りなどを活用することや活動内容や活動方法をその都度確認することが重要であることが示された。すなわち，総合的な学習の時間において，「時間的展望」「自己制御・自己コントロール」を育むためには，学習場面に応じた教師による適切な指導や援助が必要となることが示唆される。

　以上のように，太田小の「大いちょうタイム」の事例からは，創設期における総合的な学習の時間が目指し育んだ「生きる力」の実際が，「認知的能力」と「非認知的能力」の相補的な関係をもつ資質・能力であったと捉えることができる。太田小の「大いちょうタイム」が目指した「生き方の土台」とは，現在における「学びに向かう力，人間性等」を先取りしたものであり，また，「大いちょうタイム」が育んだ「問題解決の資質や能力」とは，「探究」の過程において求められる資質・能力を先取りしたものであったといえる。こうした事実より，現在の総合的な学習の時間においても目指し育むべき資質・能力として「認知的能力」と「非認知的能力」の両方を重視する必要性が提起されよう。

　今や，世間的には「非認知的能力」に関する情報が飛び交っている。ただし，

それらの情報に関する一般的な印象として，どのようにしたら「非認知的能力」を育成できるのかといった議論は十分深まっていないように思われる。本章で論じてきた創設期における太田小の「大いちょうタイム」の事例のように，総合的な学習の時間は，「認知的能力」と「非認知的能力」の調和的成長のキーとなることが示された。今後も「非認知的能力」視点を踏まえた総合的な学習の時間に関する事例分析や開発研究を通じて，その育成の可能性を広げていく必要があろう。

（白井克尚）

【謝辞】

本章の執筆に際して，美濃加茂市立太田小学校校長・吉田竹虎先生，教頭・谷口敦哉先生には，貴重な資料を提供していただくなど，多大なるご協力を頂いた。この場を借りて感謝申し上げたい。

【注】

1) 中央教育審議会　第一次答申『21世紀を展望した我が国の教育の在り方について』1996（平成8）年7月19日。

2) 教育課程審議会答申『幼稚園，小学校，中学校，高等学校，盲学校，聾学校及び養護学校の教育課程の基準の改善について』1998（平成10）年7月29日。

3) 村川雅弘「総合的な学習とカリキュラム」日本カリキュラム学会編『現代カリキュラム研究の動向と展望』教育出版，2019年，54頁。

4) 本田由紀『多元化する「能力」と日本社会──ハイパー・メリトクラシー化のなかで──』NTT出版，2005年，61頁。

5) 本章では，総合的な学習の時間の「創設期」について，1998年（平成10年）12月14日の小学校及び中学校学習指導要領の告示から2002（平成14）年4月の小中学校における全面実施までの期間として定義する。

6) 村川雅弘・久野弘幸・野口徹・三島晃陽・四ヶ所清隆・加藤智・田村学「総合的な学習で育まれる学力とカリキュラム (1) 小学校編」日本生活科・総合的学習教育学会『せいかつか＆そうごう』第22号，2015年，12〜21頁。

7) OECD（2014）PISA 2012 Results: Creative Problem Solving: Students' Skills in Tacking Real-Life Problems (Volume V), p.124, PISA, OECD Publishing. from http://dx.doi.org/10.1787/9789264208070-en/

8) 久野弘幸「研究開発学校と授業研究」日本教育方法学会編『日本の授業研究——Lesson Study in Japan——授業研究の方法と形態〈下巻〉』学文社，2009 年，139 〜 149 頁。

9) 1989（平成元）-1992（平成 4）年度における生活科の創設に関しては，以下の研究によってその実態が明らかにされつつある。吉冨芳正・田村学『新教科誕生の軌跡——生活科の形成過程に関する研究——』東洋館出版社，2014 年。白井克尚「新教科創設期における生活科の授業づくりに関する研究——愛知県宝飯郡御津町立御津南部小学校の開発研究を事例として——」日本教科教育学会『日本教科教育学会誌』第 40 巻 4 号，2018 年，1 〜 11 頁。加藤智「生活科誕生期のカリキュラム開発および評価の実態——水戸市立常盤小学校の研究を基に——」中野真志・加藤智編『生活科・総合的学習の系譜と展望』三恵社，2018 年，97 〜 116 頁。

10) 岐阜県美濃加茂市立太田小学校『平成 11・12・13 年度 研究開発学校研究紀要 自ら求め，自ら学び，心豊かにともに生きる子どもの育成〜「総合的な学習の時間《大いちょうタイム》」を通して〜』(2001 年 11 月 2 日付)。

11) 高浦勝義・松尾知明『研究報告書 研究開発学校における「総合的な学習の時間」に向けた研究開発内容の分析』2002 年 3 月，13 頁。

12) 中留武昭『学校と地域とを結ぶ総合的な学習——カリキュラム・マネジメントのストラテジー』教育開発研究所，2002 年，47 頁。

13)「認知的能力」の基準は，論者によって多様であるため，一概に定義することは難しいが，本章では，「知識，思考，経験を獲得する心的能力」「獲得した知識をもとに解釈し，考え，外挿する能力」(OECD 編，無藤隆・秋田喜代美監訳『社会情動的スキル——学びに向かう力』明石書店，2018 年，52 頁) として捉えることとする。

14) 田村学「『総合的な学習の時間』の誕生と理念の形成」日本生活科・総合的学習教育学会『せいかつか＆そうごう』第 21 号，2014 年，7 頁。

15)「非認知的能力」は，OECD では「社会情動的スキル」とも呼ばれるものである。小塩（2021）は，「非認知能力」について，「誠実性」「グリット」「自己制御・自己コントロール」「好奇心」「批判的思考」「楽観性」「時間的展望」「情動知能」「感情調整」「共感性」「自尊感情」「セルフ・コンパッション」「マインドフルネス」「レジリエンス」「エゴ・レジリエンス」に分類し関連する 15 の心理特性を挙げている（小塩真司編著『非認知能力——概念・測定と教育の可能性——』北大路書房，2021 年）。本章においても，小塩の分類を参考にして「非認知的能力」についての考察を行った。

16) 岐阜県美濃加茂市立太田小学校，上掲書，2 頁。

17) 同上書，36 頁。

18) 白井俊『OECD Education2030 プロジェクトが描く教育の未来——エージェンシー，資質・能力とカリキュラム——』ミネルヴァ書房，2020 年，119 頁。

19) 岐阜県美濃加茂市立太田小学校，上掲書，46 〜 49 頁。

20) 同上書，18 頁。

21) 同上書，19 頁。

22) 岐阜県美濃加茂市立太田小学校『研究紀要・指導案集 自ら求め，自ら学び，心豊か にともに生きる子どもの育成〜「総合的な学習の時間《大いちょうタイム》」を通し て〜』(2001 年 11 月 2 日付) には，2001 年度の各学年の単元構想と作成した「大い ちょうマップ」が収録されている。

23) この平成 13 (2001) 年度・第 3 学年「出かけよう ふるさと太田たんけんたい」の 実践における年間指導計画について，中留 (2002) は，学校全体のカリキュラム構想 とそれを総合的な学習のカリキュラム構想へとつなげた典型例として取り上げている (中留武昭，上掲書，47〜50 頁)。しかし，そこでの児童の学習の実際については十分 に検討されていない。

24) 岐阜県美濃加茂市立太田小学校，上掲書，23 頁。

25) 「原体験通し生き方の土台はぐくむ——岐阜県美濃加茂市立太田小学校」時事通信社 『内外教育』第 5514 号，2004 年 10 月，16 頁。

26) 岐阜県美濃加茂市立太田小学校，上掲書，16〜17 頁。

27) 同上書，67 頁。

28) ポートフォリオは，「構成主義」をベースにした考え方が背景になっている。このこ とは，デューイのいう「経験の再構成」という考え方と同じものとして捉えることがで きる (加藤幸次・安藤輝次『総合学習のためのポートフォリオ評価』黎明書房，1999 年，17 頁)。

29) 岐阜県美濃加茂市立太田小学校，上掲書，41 頁。

30) 当時の太田小で「大いちょうタイム」の研究開発に携わっていた関係者への聞き取 り調査より (2021 年 10 月 5 日実施，於：太田小校長室)。

4章　戦後新教育期の実践に見る社会性・情動性・知性の育成　──新潟第一師範学校男子部附属小学校，愛知教育大学附属岡崎小学校を例に──

はじめに

　本章では，総合的な学習の時間の源流の一つとされる，戦後新教育期の実践を社会性・情動性・知性の育成という視点から分析することで，資質・能力時代の総合的な学習の時間への示唆を探ることを目的とする。

　本章が注目する戦後新教育期には，カリキュラムの自主編成の自由が教師に与えられ，埼玉県川口市で実践された川口プラン[1]や，奈良女子高等師範学校附属小学校（現：奈良女子大学附属小学校）の奈良プラン[2]，兵庫師範女子部附属小学校（現：神戸大学発達科学部附属明石小学校）の明石プラン[3]，愛知学芸大学第一師範学校春日井附属小学校の春日井プラン[4]など，多くの実践が生まれた。当時の実践では，子どもたちの生活や実態，そして社会の現実と結合させながら，自分たちで問題を掘り起こし，他者と共同しながら，その解決に向けて取り組むことを重視した学習が展開されていた[5]。『学習指導要領』（1947年版）には，本当の学習は，「自分でみずからの目的をもって，そのやり口を計画し，それによって学習をみずからの力で進め，更に，その努力の結果を自分で反省してみるような，実際の経験を持たなくてはならない」[6]とある。つまり，児童が，目的をもち，自分の力で学習をやり抜くことを重視している。さらに，学習指導要領においては，他者との協力も求めており，「社会性・情動性」に重点が置かれていたと言える。その結果，「はいまわる経験主義」[7]や，学力低下など，「知性」の部分についての批判が起り，数年で取り組みを終えてしまった学校もあった。しかし，戦後新教育期の実践を分析した金馬国晴は，「はいまわらない」プランもあったことを明らかにしている[8]。つまり，戦後新教育期の実践の中には，社会性・情動性を重視しつつ，知性も調和的に成長させた学校があったと言える。このことから，戦後新教育期の取り組みを再評価することは，社会性と情動性と知性の調和的な成長を目指す学習を考える上で価値があると

考えられる。そこで，本研究は，新潟第一師範学校男子部附属小学校（以下，新潟第一附属小学校と略す）と愛知教育大学附属岡崎小学校（以下，附属岡崎小学校と称す）の二つの学校の実践を分析する。

OECD が示している「認知的スキルと社会情動的スキルのフレームワーク」を実践を分析するための視点とし，「知性」を「認知的スキル」，「社会性・情動性」を「社会情動的スキル」と考え，分析する[9]。また，効果的な学習にすることができた教師の手立てについても考察したい。

Ⅰ 新潟第一附属小学校における実践

1 単元「新聞とラジオ」（6年生）

新潟第一附属小学校の規模（1949年時）は，学級数12，児童数約500名である[10]。本章において，新潟第一附属小学校の実践を取り上げる理由は，以下の3点である。

第一は，新潟第一附属小学校は当時の特色ある学校の一つとして注目をされていた学校であるためである[11]。本章で取り上げる実践記録は，『学習指導要領補説』（1948年）と同時期に発表され，学習指導要領補説で紹介された例示を越えた特色ある実践であり，当時の教師たちに参考にされた先進的な学校だったと考えられる。

第二は，新潟第一附属小学校では，合科カリキュラムによる総合的な実践が行われていたためである。ここで紹介する単元「新聞とラジオ」は，社会科だけでなく，現在でいうところの国語科，理科の内容が含まれている。

第三は，総合的に資質・能力の育成が目指されていたためである。新潟第一附属小学校では，児童の生活における

	年代(昭和)	
第一期	21年秋～22年	社会科創設期
第二期	23年	社会科中心の統合的教科課程構成期
第三期	24年	生活基本問題の探求による生活カリキュラムへの発展期
第四期	25～27年	学年目標の把握による生活カリキュラムの充実期
第五期	28年	学習指導の改善による生活カリキュラムの発展期

問題を解決することで，総合的な考察力，問題解決の能力，他者とより良く協力する態度の養成をし，実践的な人格の形成を目指していた[12]。つまり，社会性・情動性・知性を総合的に育成しようと試みた実践であると考えられる。

新潟第一附属小学校における社会科についての研究は，前頁の表のように五つの時期にわけられている[13]。本章で取り上げる実践は1948年8月10日に書かれた原稿をもとにしている。この時期，新潟第一附属小学校の研究は，第二期の「社会科中心の統合的教科課程構成期」にあたる[14]。この時期の研究について授業者の羽仁生は，「単に社会科を中心にして他の教科をその中にとかしこむのではなく，地域社会の課題，児童の状態を調査し，そこにおいて各学年の児童が問題とし解決しなければならないことを，児童の経験を通して理解をはかるように構成した単元を中核としその他基礎的な技能練習・情操陶冶（音楽・図工・文学）・体育の面を考えた全体計画である」[15]と述べている。つまり，教科の関係性を考えることよりも，児童の生活や経験を中心とした合科カリキュラムによって授業が考えられていることがわかる。

2　単元の実際

単元設定のために，児童の実態調査が行われている。新聞については，児童の約25％がだいたい毎日，新聞に目を通し，20％は全然読んでいない。他の者はときどき見る程度である。また，ラジオは，興味のある放送内容は，スポーツの実況放送など，娯楽面に集中しており，ラジオのもつ他の機能については無関心であることが明らかにされている[16]。また，「物事の歴史的な発展について関心が深くなってきている」，「機械の組立操作等についての興味が著しい」，「見学したり訪問して話を聞くことに興味をもっている」などといった児童の学習への興味・関心についても記されている。このような実態を踏まえ，次のような目標が設定されている[17]。

・新聞やラジオは，私たちの生活にどのように役立っているかを調べさせどのように利用すべきであろうかについて考えさせる。

・新聞はどのような組織で，又どんな機構で作られているかについて理解させる。

・印刷術はどのように発達してきたか，そうしてそれがどのように生活を豊かにしているかについて理解させる。

・よい学級新聞を発行するように工夫させる。

・ラジオはどんなことを放送しているか，私たちはそれをどのように利用したらよいかについて理解させる。

・校内放送を上手にして楽しい時間をもつようにさせる。

・受信機の操作・原理及びその発達について理解させる。

単元の展開は資料①のようになっている。

新聞の学習	
新聞社の見学	(イ)見学についての計画を話し合った。 (ロ)見学についての交渉 (ハ)新潟日報社の見学 (ニ)見学のまとめ (ホ)班毎に日報社を見学し，それをまとめて発表する。
学級新聞の発行	(イ)新聞社の組織を作り，仕事の分担をきめる。 (ロ)学級新聞第1号を完成し，反省する。 (ハ)この反省にもとづいて第2号の作成にとりかかる。 (ニ)国語の基礎的な能力についての学習 (ホ)第3号以下の新聞は放課後などを利用して発行する。
新聞の読み方について調べる	新聞を学校へもって来て調べさせた
印刷術の進歩について調べる	(イ)青木印刷所の見学 (ロ)印刷術の発達について調べる
ラジオの学習	
構内放送	(イ)どうしたら立派な校内放送ができるか話しあう。 (ロ)放送局を見学して，放送の仕方や番組について調べる。 (ハ)ラジオではどんなことを放送しているか調べる。 (ニ)校内放送をする。 (ホ)ラジオのはたらきについてまとめる。
礦石受信機の製作	

資料① 山崎喜興作『コア・カリキュラムの研究』1948年，90〜119頁より筆者作成

(1) 新聞の学習

5年生の国語の学習で作成した壁新聞は，新聞や雑誌からの転載が多く，自分たちの作ったおもしろい記事が少なかったという思いが児童にあった。そこで，もっとおもしろくてためになる新聞を作ることを教師が提案し，話し合う

ところから学習が始まる。まず，新聞社を見学し，新聞はどのようにして作られているのか調べることに決まる。見学の計画を話し合い，新聞社の人との交渉を学級で練習をした。しかし，新聞社の見学後は，児童は意欲が高まらず，学級新聞作りは進まなかった。その後，学級新聞を作る段階になって，確認できていないことがあることに気づき，再び見学に行くことになった。見学に行く際は，班に別れ，「新聞のできるまで」や「写真の印刷」など，それぞれにテーマをもって調べることになった。

　学級新聞を発行するために，新聞社で学んだ組織を学級内に作り，仕事の分担を決め，編集に取りかかった。第一号の新聞を作った反省には，「漢字を忘れてしまって十分に使えない」という意見が出てきたため，国語の学習を組み，漢字の学習を行った。学級新聞作りを始めてからは，新聞を読もうとする態度が高まった。そこで，「新聞の読み方について調べる」時間を設定した。ここでは，新聞の内容を分類したり，どんな新聞が多く読まれているか百分率を出して調べてみたりした。最後に，印刷所見学に行った。そして，印刷機の発明や昔の新聞瓦版，新聞のなかった昔のようすについて学習をした。学級新聞の発行は続けて行われ，3号以降は放課後を利用して作成された。

(2) ラジオの学習

　「ラジオ」の学習の導入では，マイクの前に立たせて話をさせた。児童はスピーカーから聞こえてくる自分の声に興味をもち，はじめは簡単な言葉を話していたが，次第に野球の実況中継や天気予報のまねなども話しだした。そこで，「ラジオについて何を学習するか」について話し合った。児童からは，「放送局の見学」，「校内放送をしてみたい」，「ラジオの鳴るわけを調べる」といった意見が出された。そこで，校内放送をするための計画を立て，放送局を見学することに決めた。放送局の見学では，放送の仕方や，アナウンサーから放送するときの要領などを聞いた。

　次に，校内放送でどんな内容を放送するか決めるために，ラジオではどんな放送をしているか調べることになった。1日の放送を全員で手分けして聞いた。聞いた放送は説明するのではなく，実際のものをまねて発表させた。それによ

り，スポーツの実況中継や音楽などの娯楽的な内容だけでなく，ニュースや座談会など，放送は多様な内容があることがわかった。それをもとに校内放送の内容が決められた。内容を作り，班にわかれて放送の練習をした。所要時間を検討し，40分間の校内放送を行った。内容は，次の通りである[18]。

- 子供ニュース：3分
- 私たちの言葉：3分
- 座談会（最近のラジオ放送についての批判）：5分
- 二十の扉：6分
- 童話（低学年向け）：3分
- 言葉の研究室：3分
- 健康の時間：3分
- 放送劇（創作）：8分
- 音楽：3分

次に，これまでの学習のまとめとして，新聞とラジオを比較することで，ラジオの働きについてまとめた。比較の結果は資料②のようになっている。

	新聞のはたらき	ラジオのはたらき
(1)ニュースを伝える	○いろいろなニュースをくわしく伝える ○写真・絵・グラフ・統計などが入っている	○重要なニュースだけを伝える ○早く伝えることができる
(2)意見を伝える	社説・論説　座談会・投書	私たちの言葉　県民の時間　座談会 自由人の声　街頭録音　討論会
(3)娯楽	漫書・小説・ご・しょうぎ・つり スポーツ・映書	放送劇・物語　話の泉・二十の扉 音楽・童話　スポーツの実況放送 漫才・落語　浪華節・長唄
(4)教育	解決・学芸　科学・文化の欄 夫人子供の欄	英語会話　労働の時間　言葉の研究室 健康の時間　学校放送　解説 夫人・子供・学生の時間　教師の時間
(5)お知らせ	配給だより　天気予報　ラジオの番組　映画　催し物　暦	たづね人　人員ぼしゅう　時報
(6)広告	映画　書物　商品　死亡 火災見舞御礼　その他	

資料②　山崎喜興作『コア・カリキュラムの研究』1948年，113〜114頁より筆者作成

最後に，ラジオが鳴る理由を学ぶために，礦石受信機の製作を行った。礦石受信機は，構造が簡単で，価格も安く，児童でも製作ができるものであった[19]。児童の中には，説明書とは作り方を変えて，何度も機械を作って，音が流れるか研究した者が多くいたことが記録されている。

3　単元「新聞とラジオ」で育成される資質・能力

(1)　社会性・情動性の育成

　この単元は，児童の学習への欲求を引き出しながら進んでいる。例えば，学級新聞を作った際，漢字が使いこなせなかったことから，「漢字の学習」（国語）を組む。ラジオの音が聞こえる理由はどうしてなのかという疑問から，礦石受信機の製作（理科）が行われている。このように，児童の困り感や，疑問から新しい学習へ，様々な教科の学習に広がっている。

　このように学習が発展するきっかけは，授業者の羽仁生が児童の思いを引き出すために，一つの活動が終わる度に，話し合いや，反省をする振り返りの場面を設定していることにある。また，羽仁生が，意識していたのが目的の明確化である。資料①中「新聞社の見学」の「（ニ）見学のまとめ」のところでは，まとめた後で今後の問題を話しあったところ，ほとんど問題がでず，学習が進まなかったのは，「新聞社を見学して，学級新聞をどのようにして発行したらよいかを考えるという目的が忘れられていたのである。目的意識が明確でないならば次々におこる学習活動は全くばらばらなものにすぎない。目的意識が明確であってこそ，反省的思考がねられ，今の活動が次の活動を産み，全体が常に目的実現のため統一され，そうしてはじめて単元学習の本義が達せられるものと思う」，「児童はその時の活動にまどわされ本来の目的が忘れられたり漠然としてしまうことが多い」と指摘している[20]。つまり，見学などの活動をすることで学習をした気持ちに児童はなりがちだが，活動の際，何を目的として行うのかを常に確認することの必要性が述べられている。

　このように，単元「新聞とラジオ」では，児童の意欲や学習の目的の明確化を大切にすることで，感情をコントロールし，困難を乗り越え，目標を達成するために，学習をやり抜こうとする力を育成していると言える。その際，調査

活動や新聞の作成，校内放送の担当分けなど，グループ活動が適宜設定されており，他者との協働も合わせて行っているなど，社会情動的スキルが育成されると考える。

（2）知性の育成

　この単元は，新聞の学習とラジオの学習を続けて展開する二段階の構成となっている。これにより，新聞の学習で学んだことが，単元後半のラジオの学習に活かされるようになっている。例えば，新聞社見学の学習は，ラジオの放送局見学に生かされる。また，学級新聞作りは，何度も繰り返されており，学習で身につけた知識や技能を繰り返し使用することで，定着していく。そして，この体験は，単元後半の校内放送の原稿作りに生かされる。また，新聞とラジオを比較することで，それぞれのメディアの特色や良さを理解することができるようになっている。

　また，児童が主体者として新聞を発行し，ラジオを放送することで，新聞はどのような組織で，どんな機構で作られているかについて理解することができる。教師が教えるのではなく，実体験を通して学ぶことができるようになっている。原稿を考え，どのような文章で表現することが適切なのか考えることで，新聞やラジオ放送の仕組みや，情報を伝える上で大切な知識を身につけることができる。スマートフォンやSNSの普及による課題とされる，情報モラルを学ぶという点においても，実感をともなった学習となり，有効であると考える。さらに，今，求められている情報リテラシーの育成にも寄与するものであると考える[21]。

　以上のように，課題を解決するために，学習した知識や見方，考え方を繰り返し使用する単元構成によって児童の認知的スキルが高まるような展開がみられた。

Ⅱ　戦後新教育期における附属岡崎小学校

1　附属岡崎小学校における生活教育

　本章において，附属岡崎小学校を取り上げる理由は以下の2点である。

第一は，戦後初期の附属岡崎小学校では，「生活により生活にまで」の教育理念のもと，「教科という前提なしに，こどもの生活をじかに問題にした」生活教育が目指されていた[22]。このため，生活教育と教科教育が統合された「生活課程」では，教科の枠を越えた学習が展開され，「総合的・横断的な学習」が実現していたと考えられるためである。

　第二は，これまで，附属岡崎小学校を村松友和・川上昭吾[23]や，加納誠二[24]，白井克尚・行田臣[25]らが生活科，総合的な学習の研究対象として取り上げており，生活教育を継続して進めてきた実践校の一つであることを明らかにしているためである[26]。

　附属岡崎小学校の規模は，在籍児童数460名[27]。学級数は，各学年2学級ずつの12学級であった[28]。1946年10月，生活学校という標識をかかげ，戦後の復興の中，教育実践の一歩を踏み出した。1947年2月に第29回初等教育研究発表会を開催し，授業公開を行った。翌，1948年には，『生活計画案綴』，『生活教育研究──第一集──』を発行した。翌，1949年11月には，第2回生活教育研究協議会を開催し，研究の集大成となる『生活学校の姿』を発行した。本章では，『生活学校の姿』を中心に，附属岡崎小学校の生活教育の実践的特色を明らかにする。その理由は，この時の研究では，児童の生活から課題を見つけ，それを解決する課程において身につけた知識・技能を社会への寄与・奉仕の姿まで高めていくことを目指しており，知性だけでなく，情動性などを含め，総合的に資質・能力の育成を目指していたと考えるためである。

　附属岡崎小学校の生活教育は，「単に学習の生活化というごとき方法的立場に立つのではなくて，生活自体が学習でなければならないとの目的立場をも含めて，生活が教育の全領域を掩う」[29]という同校の戦前からの基本に基き，「知識が有用であるか無用であるかの唯一の視点は我々の生活との関連の上に立ってのみ，いいうるものなのである。そして，そのような生活に必要な知識は，それを抽象して与えて記憶させることでなくて，生活の具体の上で，おのづから（ママ）収得されるという図式を設定しようとするのが生活学校の意向である」[30]としている。つまり，生活教育は，生活と学習を関連させることで学習を行うという，単なる技術的な手法ではなく，児童の生活そのものを学ぶ対象とする

ことで，児童が生活に必要な知識を自ら得られるようにしようと考えていたことがわかる。このため，学びの対象となる生活内容を見出すためには，教師は児童の生活活動を分析する必要性が出てくる[31]。そこで，附属岡崎小学校では，生活活動を，昭和初期の実践研究[32]をもとに，「自己保存の活動」，「社会的な活動」，「レクリエーション」の三つに分類している[33]。三つの生活活動に合わせ，四つの生活設計のブロックが設定された。両者の関係をまとめると，資料③のようになる。

生活活動	生活設計	活動内容
社会的活動	「生活単元指導計画」	課題解決を目指す活動
	↓ 「基礎練習指導計画」	・単元学習をより豊富により徹底させるために，単元学習と時間を別にし理解について（経験的反復，抽象して系統化する）学習する活動 ・技術の能率的な習得を目指し，新しい意味での系統を重んじ，反復練習する一般に言われる所のドリルといった活動
レクリエーション活動	「余暇指導計画」	いわゆる余暇全般の指導及びそれに付随した技術の練習をねらう活動
自己保存的活動	「体育指導計画」	体育全般，殊に身体発達の向上を目指す活動

資料③　愛知学芸大学愛知第二師範学校『生活学校の姿』1949年，54頁をもとに筆者作成

　資料③からわかるように，「社会的活動」には，「生活単元指導計画」から発展する形で「基礎練習指導計画」が組まれている。ただし，「基礎練習指導計画」は，ドリルなどの反復練習を含めるため，単元に直接関係をした学習内容とならない場合もあるが，単元学習や実際の生活に生かされないものは意味がないとして，児童の生活へのつながりを意識しようとしている[34]。これら，四つの指導計画の中核となるのは，「生活単元指導計画」である。課題解決を目指す「生活単元指導計画」は発達段階に合わせ，資料④ように学習内容が発展するようにデザインされている。
　資料④を見ると，低学年のごっこ遊びから，高学年の問題解決へと学年に応じた方法で，学習内容が高まるように計画されている。単元学習については，

	姿態方向	具体的な特徴
低学年	ごっこ遊び 社会生活の模倣	・課題を全体として意識する事は困難でプロジェクトされた作業を遂行する途次発生する行きづまりを打開する。 ・具体的な行動作業を中心とする。
中学年	構成活動 問題解決 社会生活の模倣・観察	・技能の発達と関連して作業の条件や素材を豊富にし活動の量と質を一層高める。 ・ごっこ遊びの高度に内容をふくらませたものを主とする。
高学年	問題解決 社会生活の観察・奉仕	・問題の全貌を捕らえる。 ・社会科された学習形態を多くとり入れる。 ・学級全体の問題として受取り学級全体の力で解決に向う。

資料④ 愛知学芸大学愛知第二師範学校『生活学校の姿』1949 年，39頁より筆者作成

「生活を更新して行く過程に於いて見られる抵抗障害を自らの力で解決していく生動的（ママ）な生活姿態」であり，「児童の生活課題は子どもの解決意欲を喚起し自発活動を促進するものであり」，「課題が現実のものである以上当然この経験は児童の実践力を高めるものであり，更に一つの課題の解決はより高次な課題の解決を喚起し生成発展して行くものである。」[35] としている。つまり，課題を解決することで，次の課題が生まれ，学習が連続的に発展していくことを想定していることがわかる。

　また，単元の展開について，四つの段階が示され，附属岡崎小学校としての課題解決学習の授業づくりが明確にされている。四つの段階とは，「１．導入の段階（問題をもつ）」，「２．組織の段階（問題を解決する計画をたてる）」，「３．研究と作業の段階（計画に従って実行する）」，「４．完結の段階」である[36]。

　「１．導入の段階（問題をもつ）」では，導入や学習の動機についての意義を，デューイの「われわれは如何に思考するか」から引用し，「子どもたちはまづ何かの疑問につきあたり心の平衡を破られるとこれをとり戻そうとして自分で考える。さて何だろう，なぜだろう，どうしたらよいだろうかと考える。これが問題との直面である。そういう思考は自然におこるものではなく，必ずなにかの刺激がいるのでる。ただ考えよといっても無理であって，どうしても何かの刺激を与えなければならぬ。」としている[37]。そして，「児童が課題の解決について興味を持続し得るか否かが結果の成否を左右する」とし，「一時的衝動的な興

味でなく児童の精神的身体的な発達段階に即し個人差に即した興味でなくてはならない，しかも興味についてはただ単に彼等が先天的に持つ興味に訴えるのみに止まらず如何にして新しい興味を喚起し社会的な意味を持った動機づけをするかに私達の苦心が向けられねばならない」[38] としている。そこで，予備調査を実施し，自発活動を促進するための環境として，討議・物語・詩・歌・関係者の講演・時事問題・ラジオ放送等の「言語による方法」や，絵画ポスター・展覧物・幻燈・映画・演劇・遠足・見学等の「視覚的手段」があるとしている。

「２．組織の段階（問題を解決する計画をたてる）」では，「問題解決を中心とする高学年の場合について言えば，学級全体の課題である大きな問題がさらに児童・教師の会議によって分割され，分割された問題毎に研究グループが決定し，さらにグループ毎の討議を経てグループの問題はさらに細分されるなり或いはそのままの形なりに応じて研究の緻密な計画がたてられねばならない。」[39] としている。ここでは教師が留意しなければならない点として，全体の討議，グループの討議が交互に頻繁に繰り返されつつ進むように「細分された問題が常に全体との有機的な関連を失われないような配慮」や，途中で挫折しないよう「計画が個々の児童の能力に適応していること」，「グループ組織についての問題」の３点を挙げている[40]。グループ（分団）の組織については，「分団学習そのものに目的があるのではなく共同学習の為の手段として認めたい分団の組織については成員の素質により，等質分団・不等質分団の二種が分けられるが，両者固定化さるべきでなく学習課題に応じて適宜組織せられるべきであろう」[41] と，学習課題に即してグループ構成を意図的に選択していたことがわかる。

「３．研究と作業の段階（計画に従って実行する段階）」では，「計画段階に於いて模索され固定された行動方向に従って児童が実際に課題解決の為に活動する段階としている。この段階と次の完結段階が展開の中心」となる。この段階では，児童は研究に必要な資料を集めてこれについて調査をしたり研究を展開したりする。資料としては，図書統計，地図，標本など，間接経験に訴えるものや，直接社会に進出して問題を調査する直接経験の活動もあることが紹介されている。特に，低学年に於いては直接経験が主になるが，高学年に於いては両者とも同じ比重で重要視されている。「調査研究の結果は絶えず分団の問題学

級の問題として協働の討議にかけられ，検討を重ねてより充実したものになって行くのである。そして調査研究の結果は当然種々の方法に訴えての表現活動を伴い次の段階への準備が為されるのである。この過程を通してデューイの所謂「反省的思考」も練られ課題の解決が子供の生活を育てて行く」[42] としている。導入の段階に続いて，ここにおいてもデューイの考えが引用され，影響を強く受けていることがわかる。

　「４．完結の段階 (実行の結果について発表し反省する)」は，課題解決の結果の発表段階である。発表の形式は，口答（ママ）のもの，地図や統計，図表や年表を伴ってのもの，工作的なものや人形劇，紙芝居，劇，遊戯，ごっこ遊び。また，研究物を収録して本にしたり，展覧会を開いたりすることが紹介されている。場合によっては，社会人を招くこともあるとしている[43]。この過程については，「単元の課題が社会の現実の問題である限りその解決は一ぺんの観念的な理想論の抽出に止らず社会への寄与奉仕の姿にまで進む事が望ましい。特にこの事は高学年に於いて然りである。」[44] としており，「生活により生活にまで」という教育理念を完結の段階でも意識したものとなっており，学校だけで完結するのではなく児童の生活する社会へ広げていくことが考えられている。

　ここまで述べてきた理論がどのように実践されていたのか，1950 年に，発行された『生活教育研究』（第３集）に収録されている単元「役に立つ動物」の実践記録をもとに見ていく。この単元は，実践記録及び，教師の反省がともに残されていることに加え，学習の四つの段階が明記されている点で分析する価値がある。尚，単元一覧は，資料⑤のように作成されている。

1 年		2 年		3 年	
・五月の公園　・つゆの頃　・水あそび		・家から学校まで　　　　・お店しらべ		・建てられていく家　　・水道しらべ	
・秋の野山　・冬のしたく　・私の家		・水遊び　　　　　　　　　・駅の人		・役立つ動物　・のり物のはたらき	
・お正月の遊び　　・一年のおもいで		・おひゃくしょうさん　・冬の町		・市場のやくめ　・着物のいろいろ	
・うりやさんごっこ　・のりものごっこ		・手紙のりょこう　　・一年間のこと		・学年おわり	
4 年		5 年		6 年	
・私たちの生活の現在と過去　　・燃料		・病気の予防　　　　　　・学期はじめ		・新聞とラジオ　　　　　・健康な生活	
・愛知県の交通　　　・たべものの分布		・工場の見学　　　　　・通信の進歩		・機械生産　　　　　　　・修学旅行	
・岡崎市のうつりかわり　　・石工場		・国土めぐり		・国土計画　　・六年間の思い出	

資料⑤　愛知第二師範学校附属小学校『生活教育研究』(第 1 集) 1948 年, 26 頁より筆者作成

2　単元の実際「役に立つ動物」（3年）

　この単元は，余暇学習指導計画の描書「はたらく動物」の学習におけるスケッチをしたことを導入として，始められている。その後，学校で飼っているアヒルをスケッチし，「学校は何のためにアヒルを飼っているのか」，「誰が飼っているのか」と疑問が出される。そこから，家庭では何を飼っているのか調査が行われた。教師が昨年度の児童が作成した研究物を提示すると，児童は，調べた内容やまとめ方の良否，不足しているところなどを話し合い，自分たちも役に立つ動物について研究をすることに決める。その後，調べたいことを用紙に書き出し，計画を立てる。まず，書籍による研究をし，「仕事の手助けをする動物」，「衣料の材料になる動物」，「食用になる動物」など，研究してわかったことを表や図に表した。

　続いて，種畜場や種鶏場の見学，東山動物園の見学と学習が展開していく。見学の際は，計画を考え，見学し，話し合うという流れが繰り返されている。

余暇指導計画（9月）　「はたらく動物」	動物のはたらいているところをスケッチしてみる

全45時間　※表中〇数字は時数を表す

学習段階	展開
導入	学校で飼っているあひるのスケッチ　① 家庭で何か飼っているか調査　① 昨年度の児童の研究物を提示　話し合い　①
計画	私たちも役に立つ動物について研究しよう　①
作業活動	種畜場の見学をしよう　⑨ 種鶏場の見学をしよう 東山動物園の見学をしよう　⑥ パノラマの製作　3組に分けてつくる　⑤ 話合より発展して 　・人はどの様に動物を保護しているかの内容について話合　② 　・動物はどの様にして身を守るのか内容についての話合　② 　・秋の虫を飼って見（ママ）る 　・人はどうして動物の害を防いでいるだろうか　③
総括	幻燈をうつして，研究をふりかえる　②

資料⑥　実践記録「役に立つ動物」（3年）

（愛知学芸大学愛知第二師範学校附属小学校『余暇学習指導計画案』20〜21頁，『生活教育研究　第3集』60〜62頁より筆者作成）

＊段階の言葉は，展開の流れで示したものとは異なっているが，実践記録のまま記載。

まとめは，絵や文にしたり，書籍で調べたことと比較をしてみたりする活動が組まれている。特に東山動物園の見学の後には，クラスを三つのグループに分け，パノラマ製作が行われ，動物園のことをより詳しく振り返っている。

　動物園見学の後，話し合いから発展し，「人はどの様に動物を保護しているのか」，「動物はどのようにして身を守るのか」，「人はどうして動物の害を防いでいるだろうか」と学習が深まって行く。ここでは，金魚の改良，豚の家畜化，季節に色をかえる動物，渡り鳥のことなど，様々な動物のことが取り上げられている。最後に総括として，見学に行った東山動物園や種畜場などの幻燈を映して振り返りを行った。単元の構想図は資料⑥の通りである。

3　単元「役に立つ動物」ので育成される資質・能力
(1)　情動性・社会性の育成

　附属岡崎小学校は，児童の学習に向う意欲を大切にしている。例えば，導入については，「課題を意識するということだけでは勿論学習活動が直ちに起こることを意味するのではなく課題を認識するということは同時に課題を解決する意欲を伴わなくてはならない。この意欲が強ければ強い程学習活動に力が伴う」[45]と述べている。つまり，取り組む課題を児童が意識するだけでは不十分であり，自ら取り組みたいという意欲が強く高まるようにすることが導入の役割であると考えていたといえる。附属岡崎小学校では，児童の意欲を高めるための手だてが三つ見られる。

　一つ目は，「余暇指導計画」，「基礎学習計画」，「生活単元指導計画」が，関連し合うように，年間を通して計画されていることである。このことにより，一つ一つの学習がつながり合い，児童の意欲がとぎれないようになっている。

　二つ目は，児童の興味・関心に合わせ，単元の修正が行われていることである。「役に立つ動物」では，「作業活動」の東山動物園の見学後，話し合いから発展して，「人はどの様に動物を保護しているのか」，「動物はどの様にして身を守るのか」，「秋の虫を飼ってみる」，「人はどうして動物の害を防いでいるだろうか」と新しい課題が生まれ，学習が発展している。当初の予定にはなかった学習であったが，児童の話し合いに合わせ，授業者が学習を広げている。この

86

ことは，児童の学習への意欲の高まりを受け，疑問を解決する場面が設定されることで，児童は満足し，また新たな学習へと向う意欲を高めるだろう。

　三つ目は，学習の段階が明確に示され，児童が見通しをもつことができるようになっていることである。「導入の段階」の次に，「計画（組織）の段階」があることで，「研究と作業の段階」や「完結の段階」を児童自身が思い浮かべながら学習を行うことができる。

　これらの手だてにより，導入で高まった児童の意欲は最後まで続き，学習をやり抜く力の育成が目指されていたと言える。また，学習の中では，全体で話し合い，他の児童の考えを聞く場面やグループ活動が組まれており，他者との協働など，社会情動的スキルが高まるような設計がされていた。

（2）知性の育成

　この単元では，家畜や衣料に活用される動物など，動物がどのように人間の役に立っているのかといった知識が獲得されている。また，動物について書籍で調べたことを表にまとめ，その結果と，動物園で見学して学んだことと比較したり，どのように動物の害を人は防ぐのか推論したりするなど，認知的スキルが高まるような学習活動が行われている。

　以上のように，附属岡崎小学校における「役に立つ動物」では，教師の確かな手立てにより，児童が，意欲をもって他の児童と協力しながら課題を解決することで社会性・情動性・知性が育まれていると言える。

おわりに

　本章では，戦後新教育期の実践について社会性・情動性・知性の育成という視点から分析を行った。二つの学校の実践を見ると，どちらも児童の生活をもとに学習が組まれ，知的探求心が高まるように，児童の意欲を大切にしていることが明らかとなった。同時に，活動をする目的の明確化や，計画を立てる段階を設定することで，学習をやり抜こうとする情動性を高めようとする手だてが行われていた。また，学習を進める際には，グループ活動や，学級全体での話し合い活動が繰り返し設定されている。これにより，協力したり，他の児童

の考えを聞いたりすることで，社会性を高めようとしていた。そして，児童が主体的に活動することで，新聞とラジオの仕組みや動物に対する知性の育成が目指されていることも明らかになった。

　以上のように，戦後新教育期の実践は，確かな教師の手だてにより，児童の情動性・社会性を高めることで，知性も調和的に育成する実践が展開できたと言える。ここで行われていた教師の手だてや視点は，総合的な学習の時間の実践に取り入れることで，情動性と社会性と知性の調和的な成長を目指す学習を展開することができる可能性がある。

（行田　臣）

【注】

1) 中央教育研究所・川口市社会科委員会共編『社会科の構成と学習——川口市案による社会科の指導——』金子書房，1947年。

2) 奈良女子高等師範学校附属小学校学習研究会『たしかな教育の方法』秀英出版，1949年。

3) 兵庫師範女子部附属小学校『小學校のコア・カリキュラム　明石附小プラン』誠文堂新光社，1949年。

4) 愛知学芸大学愛知第一師範学校春日井附属小学校『生活学習の計画』清弘出版社，1949年。

5) 木村裕「子どもと社会に根ざす生活教育——生き方の探究と生活の創造をめざして——」田中耕治編著『戦後日本教育方法史（上）——カリキュラムと授業をめぐる理論的系譜——』ミネルヴァ書房，2017年，68頁。

6) 文部省『学習指導要領　一般編』日本書籍株式会社，1947年，21頁。

7) 矢川徳光「新教育への批判」『矢川徳光教育学著作集　第3巻』青木書店，1973年，140〜141頁。
ロシア人による言説として引用されたのが最初である。

8) 金馬国晴「「はいまわらない」経験主義はありえたか——コア・カリキュラムの全体構造における〈単元〉と知識・技能の関係を手がかりに——」日本教育方法学会『教育方法学研究』第29巻，2003年，73〜84頁。

9) OECD編，無藤隆・秋田喜代美監訳『社会情動的スキル——学びに向う力——』明石書店，2018年，51〜61頁。

10) 新潟一師男子部附属小学校『単元の指導記録』白林社，1949年，「序」の記述より。

11) 日比裕「戦後社会科教育史（Ⅲ）──日本社会科の全体像を求めて──」『名古屋大学教育学部紀要（教育学会）』第 42 巻第 2 号（1995 年度），65〜67 頁。
日比裕が，1948〜1949 年ごろのコア・カリキュラムの概略を確認するために，兵庫師範女子部附属小学校の明石プラン，千葉県館山市立北条小学校の北条プラン，福島県郡山市立金透小学校の金透プランとともに，新潟第一附属小学校の新潟プランを取り上げている。

12) 山崎喜興作『コア・カリキュラムの研究』社会科教育研究社，1948 年，91 頁。

13) 遠藤稔・宮下美弘「新潟第一師範学校男子部附属小学校の実践　生活カリキュラムにおける社会科」梅根悟・岡津守彦編『新教育の実践体系Ⅱ　社会科教育のあゆみ』小学館，1959 年，292〜293 頁。

14) 日比裕「戦後社会科教育史（Ⅲ）──日本社会科の全体像を求めて──」『名古屋大学教育学部紀要（教育学会。）』第 42 巻第 2 号（1995 年度），65 頁。
新潟プランについては，「コアという用語を用いていない新潟プランにおいても，そのカリキュラム改造の第 2 期を「社会科中心の統合的教科課程構成期」としてとらえ，明らかに，それ以後，コア（中心ないし統合）の考えがカリキュムの構造を枠づけしている」と指摘している。

15) 山崎喜興作『コア・カリキュラムの研究』社会科教育研究社，1948 年，91 頁。

16) 同上書，93 頁。

17) 同上書，94 頁。

18) 同上書，109 頁。

19) 堂東伝・斎藤薫雄『子供のラヂオ：理科と手工』厚生閣，1939 年，94〜95 頁。

20) 遠藤稔・宮下美弘，上掲書，95 頁。

21)「2020 年代に向けた教育の情報化に関する懇談会」中間取りまとめ, 2016 年 4 月 8 日, www.mext.go.jp/a_menu/shotou/zyouhou/__icsFiles/afieldfile/2016/04/08/1369540_01_1.pdf
この中で「次世代に求められる情報活用能力の育成」の項目において，「情報を単に受け止めるだけでなく，整理・分析し，まとめ・表現したり，他者との共同で試行を深めたりして，物事を多角的・多面的に吟味し見定め，主体的に新たな価値を生み出す力を育むとともに，情報モラルを身に着け，情報社会に主体的に参画し創造していこうとする態度を育んでいくことが期待される」とある。

22) 愛知学芸大学愛知第二師範学校附属小学校『生活学校の姿』1949 年，7 頁。

23) 村松友和・川上昭吾「大正期の「生活科」と「総合的な学習の時間」の共通性に関する研究──愛知県岡崎師範学校附属小学校における「生活科」の事例から──」日本生活科教育学会『せいかつか』第 7 号，2000 年，73〜80 頁。

24) 加納誠司「岡崎師範学校附属小学校における探究的な学習のカリキュラム研究──生活教育（探究）と教科教育（習得）との関係を中心に──」『中部学院大学・中部学院大学短期大学部　研究紀要』第 16 号，2015 年，91〜101 頁。

25) 白井克尚・行田臣「生活科において問題解決学習を実現した教師の「学習材研究」の実際――愛知教育大学附属岡崎小学校における白井博司実践を事例として――」日本生活科・総合的学習教育学会誌『せいかつか＆そうごう』第 27 号，2020 年，40〜51 頁。

26) 小原國芳編『日本新教育百年史　第 5 巻　中部』玉川大学出版部，1969 年，583 頁。昭和初期の生活教育の実践が注目に値する学校として取り上げられている。

27) 愛知学芸大学愛知第二師範学校附属小学校，上掲書，138 頁。

28) 愛知教育大学附属岡崎小学校同窓会『愛知教育大学附属岡崎小学校　80 年の歩み』1981 年，114 頁。1948 年の校舎平面図を参照。

29) 愛知第二師範学校附属小学校『生活教育研究――第一集――』生活教育研究会，1948 年，序。

30) 同上書，8 頁。

31) 同上書，10 頁。

32) 愛知懸岡崎師範學校附屬小学校『生活教育の実践』東洋図書株式合資会社，1935 年，50 頁。
昭和初期の生活教育では，児童の経験・活動を組織して教科課程を構成するために，スペンサーやボビットの理論を取り入れている。

33) 愛知学芸大学愛知第二師範学校附属小学校『生活学校の姿』1949 年，10 頁。

34) 同上書，55 頁。

35) 同上書，39 頁。

36) 同上書，39〜44 頁。

37) 同上書，39 頁。
デューイの書籍の引用があるが，何年に発行されたものを引用しているか資料中では明記されていない。

38) 同上書，40 頁。

39) 同上書，41 頁。

40) 同上書，42 頁。

41) 同上書，42 頁。

42) 同上書，42 頁。

43) 同上書，44 頁。

44) 同上書，44 頁。

45) 同上書，39 頁。

5章　総合的な学習の時間を軸とする知的探究と社会的，情動的な学習との統合

はじめに

　本章では，目的をもって他者と共に課題解決に向かう姿が実現している実践事例について非認知的能力に関する指導及び評価の場面を分析・検討する。事例として取り上げるのは，富山市立堀川小学校4年生で，非認知的能力が育成されているとみられる記録である。上記の例について，総合的な学習の時間（以下，総合的学習と称す）に引き寄せて考察する。

　非認知的能力育成に関する先行研究として社会性と情動の学習（Social and Emotional Learning：以下 SEL とする）に依拠する。小泉令三（2011）によれば SEL は「自己の捉え方と他者との関わり方を基礎とした，社会性（対人関係）に関するスキル，態度，価値観を身につける学習」と定義される[1]。

　中野真志（2022）は，「学術的，社会的，情動的な学習の協働」Collaborative for Academic, Social, and Emotional Learning（CASEL）の活動に着目し，「CASEL の輪」という理論的枠組みを紹介している[2]。「CASEL の輪」の中心には SEL が目指す五つの相互関係的なコンピテンス領域（自己への気付き，自己管理，責任ある意思決定，関係性のスキル，社会的な気付き）が位置付いている。研究者により，五つのコンピテンスの訳語が異なる[3]が，本章では中野の訳語に従い，便宜的に以下のように記号を付す。

CASEL 5	
A. 自己への気付き B. 自己管理 C. 責任ある意思決定	D. 関係性のスキル E. 社会的な気付き

　小泉令三は「SEL-8S 学習プログラム[4]を"名人芸"的に実践している教師」[5]が存在すると述べた。しかし，彼らは社会性と情動の教育のみを意図している

わけではない。本章は，CASEL 5 を参考にしつつ，総合的学習を中心に"名人芸"の解明を試みる。

Ⅰ 追究する児童に導く富山市立堀川小学校

堀川小学校は，大正 4（1915）年に富山県師範学校女子部附属小学校代用となり，戦後は昭和 24（1949）年に富山大学教育学部協力学校となるなど，教育実習生の受け入れ等の教師教育に寄与してきた。同校では，教育研究実践発表会が 5 月中旬～ 6 月上旬に毎年のように開催され，昭和 4（1929）年に第 1 回が開かれて以来，令和 4（2022）年で第 93 回を迎えた。

地方の公立小学校でありながら実践的な研究を継続してきた学校だったため，昭和 30（1955）年に中部日本初等中等教育社会科研究集会の会場校となった。それを契機として社会科を軸に研究を深めた成果をまとめる形で，昭和 34（1959）年に『授業の研究』が明治図書から出版されることとなる。

『授業の研究』の「はしがき」で，堀川小学校の教育理念が次のように語られる。「ひとりひとりの子どもの考えには，それぞれに根拠がある。どんなつまらない発言の中にも，その子どもの過去の学習経験や生活経験が織り込まれているのであって，どの子もどの子も，それぞれに，その子なりに独自な考え方の背景を背負って，個性的に対決しているのである。学習指導は，まず，このような，子どもの考え方の特質を認め，その言い分をすなおにききいれることからはじめなければならない」[6]。堀川小学校では児童の思考に着目し，その成長を次のように捉えようとした。児童は成長しつつある考え方の総力を挙げて問題と対決し，新しい理解を成立させながら考える力を高めていく。外からの何らかの機縁によって内なるものが発展・拡充・強化される。したがって，児童の考える力の内なる発展・成長を助長し，促進することが教師の仕事となる。そのため堀川小学校の教師はただ待つのではなく，児童が問題と対峙し，総力を挙げて考えざるを得なくなるような諸環境を構成する営みを継続し，今日に至っている。

堀川小学校の研究成果は，第一の著書『授業の研究』（1959）を皮切りに

『授業の改造：子どもの思考を育てるために』(1962)，『授業創造の過程：教育内容の革新をめざして』(1966)，『授業の開発：創造性の教育を求めて』(1968)，『個の成長：可能性の開発を求めて』(1973)，『自発性の開発』(1978)，『生き方が育つ授業（上・中・下）』(1984)，『自己実現をはかる授業』(1994)，『個と歩む：くらしをつくる子どもとともに』(2000)，『子どもの学びと自己形成：子どもの危機を救うこれからの評価観』(2006)，『子どもが自分を生きる授業：自己変革を促す校内研修』(2009)，『子どもの追究を拓く教育：ことばとの出合いから学びが始まる』(2015)，『個の学びと教育』(2018) と，13 回にわたって営々と発信された。どの著書にも児童の具体例が豊富に語られる。そして，「個」を理解し，その学びを導き，支え，促進する教師の働きが示される。

　藤井千春は，堀川小学校の話し合いについて，次のように紹介している[7]。

---

　i. 第一発言者が自分の追究について，どのようなことからどのような問いを持ち，それについてどのように調べて考えているかなどについて語る。
　ii. 他の子どもたちはそれぞれ自分の追究と比べつつ，それについてどのように聞いたかを出し合う。
　iii. そこから論点を形成して考え合う。
　iv. それぞれに自分の追究を見直して，その後の追究を深めるための方向性を見定める。

　一人の児童の言葉から始まり，それが基調となって論点が形成される議論が，いつどの学級を参観しても当たり前の日常として観察できる。発表会用に作られた形式的な言葉のやり取りでは決して起きない，まるでドラマのような現実を目にする場合もある。ぜひ，読者も一度は堀川小学校へ行き，自分の目で直接確かめてみるよう強くお勧めする。

Ⅱ 追究する児童に見出される
知的，社会的，情緒的な学習指導

1 単元「食品ロス」について

　2019年5月31日（金）と6月1日（土）の2日間にわたって富山市立堀川小学校で第90回教育研究実践発表会が開かれた。

　発表会の研究紀要によると同小学校は「個が育つ教育経営」を実践目標に掲げる。根幹にあるのは，直面する状況に応じて児童の"人となり"が生き方として表れるという考え方である。そのため「個の学び」を児童の生きる姿そのものと捉え，児童の内面を重視し，児童理解に徹する教師の指導姿勢が導かれる。「個の学び」は授業以外にも，「朝活動・くらしの時間・自主活動」と称される特色ある教育活動を通して指導される[8]。本節は，2日目に第4学年で公開された「くらしの時間」と引き続いての公開学習の記録を検討する。公開学習は社会科「食品ロス」として公開された。指導者は政二亮介教諭であり，政二教諭から自身が作成した逐語記録の提供を受けた。参観していた筆者による速記録を併せて資料とする。

　単元指導計画にあたる「追究予測」によれば，「食品ロス」は28時間を充てる計画になっている[9]。その内訳は社会科が18時間，総合的学習が10時間である。「追究予測」には社会科と総合的学習との明確な区別が表記されない。したがって，教科横断的な指導事例として検討する。

第一次 （8時間）	単元名とことばの意味から，自分の経験や知識を想起したり，気になることを明らかにしたりする。
第二次 （15時間）	県や様々な事業，家庭へのインタビュー，統計資料等から，食品ロスの現状や削減に向けた取組について理解することで，人々の生活の変化に伴う消費者の多様なニーズと産業の関わりや環境保全等，食品ロスから見えてくる社会的事象の意味について考える。(本時7/15時間)
第三次 （5時間）	食品ロスの原因や削減についての取組から食品ロスと自分とのつながりを自覚することで，これからの社会の在り方や自分の生き方をみつめる。

　本時は，第二次の7時間目とされており，その目標は「これまで調べてきた

ことを基に，生産者や販売者，消費者の様々な立場が，食品ロスを出したくないにもかかわらず，出さざるを得ない現状や実態を理解することで，自分たちの生活から見えてくる消費行動や欲求と生産者や販売者との関係について考える」というものである。

　前日の5月31日にも2単位時間を要する学習が公開されており，本時は前日の学習の続きとなる。前日の学習の要点は次のとおりであった。

---

1. 食品ロスの低減と食の安心・安全とは矛盾するから，食品ロスは仕方がないのではないか。
   - (ア) ある児童の調査から，忙しい中でも安全な食品を仕入れるため，週1回の宅配を契約しなければならない状況とその仕入れ方法により食品ロスが出るという矛盾が明らかになる。
   - (イ) 食材に付着した昆虫，賞味期限の忘失を予防するため期限まで間がある食品を優先して購入，賞味期限切れの食品はレジでチェック等の事例が提供される。
2. 食品ロスの低減と便利なくらしの追求とは矛盾するから，食品ロスは仕方がないのではないか。
   - (ア) 1945年頃から現在までのくらしの変化を背景に，食品に対する思いも大きく変わってきたことが確認される。
   - (イ) 便利なくらしを捨てることは難しい。食品に対する意識を少しずつ以前のように戻すのも難しい。
3. 食品ロスは仕方がないという意識と生産者への申し訳なさとは矛盾する。仕方がないとは言いたくない。
   - (ア) これまでに調べて分かった生産者の具体的な工夫が確認された。卸売りに出せない規格外でさえ，捨てないで近所の人に売る等。
   - (イ) 面白いことにつられると野菜の世話が疎かになる弱さが語られ，生産者の大変さが分かった今は，その思いを壊せないと語られる。

　最後に発言した児童（以下，便宜的に児童①とする）の言葉は次のとおりである。「私は難しいなと思った。どっちも大事っていうか……どっちもあっている。……どっちも必要っていうか……どっちも難しい。……ロスを減らすことで……いろいろと安全性とか……なんかすごく難しいって，あらためて思った

……」

　何層にも複雑に織り込まれた矛盾が次第に解き明かされ，単純に食品ロスをなくせるとは思えなくなっていく混乱が正直に語られたものと考える。この児童を軸に，考察を進めたい。

2　「くらしの時間」で起きた事実の解釈

　4年政二学級の教室は，参観者で溢れかえっていた。入りきれない参観者がベランダに誘導される。教室内には，食品ロスに関する児童のポスターが数多く掲示されている。表題のみをいくつか例示する。

・終わらないかもしれない食品ロス
・食品ロスは今の世の中ではしょうがない
・食品ロスはメリットとデメリットがある
・ポスターでは食品ロスを減らせない
・命を守る食品ロス
・賞味期限が長いものが食品ロスになるとは言えない
・安売りのせいで食品ロスが出てしまう

「食品ロスをへらしていくのは面倒くさい」という表題のポスターには次のように書かれていた。

　私は，お店の人たちは，私たちの安心・安全のことを考えて食品ロスを出しているけど，食品ロスを減らすのは厳しいことだと思いました。なぜ，そのように考えたかというと，コンビニエンスストアでは，消費期限が切れるその日に集めて，お客さんがお腹を壊さないようにしていて，電気ビルレストランでは，食品ロスを出してもったいないよりも安全性を大切にしているので，お客さんのことを考えています。しかし，県庁環境政策課のMさんは食品ロスは関わっている人が多くて，食べることは楽しいことだけど，「食品ロスを出さないようにがんばってくださいと言われると面倒くさい」と言っておられました。その中でもお店は，少しでも食品ロスを減らそうと工夫もしていたのですごいなと思いました。(原文のまま引用)

ポスターに書かれた内容は例からも分かるように，途中経過である。ポスターの他に消費期限，賞味期限の解説が書かれた掲示物もある。食品ロスというテーマに向けて，それぞれの児童が自分にとって身近な事物から調べを進めている。そして，その調査は小学校第4学年という年齢を考えると，かなり高いレベルの専門的知識を背景になされていると言える。

「くらしの時間」は，日直の指示による朝のあいさつで始まった。その後，政二教諭が一人一人を呼び，児童は「はい元気です」等とそれぞれの体調を答えた。

Ⓣ　では，始めようか。
①　私は，昨日よりもたくさんの人が見に来られているから，大きな声で発表しようかと思います。私は，緊張すると小さい声になってしまうから，しっかり，見に来られた人にも聞こえるように発表したいなと思います。(教師は黒板に大勢の参観者に囲まれる児童のイラストを描く)
②　やばすぎる。
③　もっといます。
④　きのう6人よりもっと増えた。30人はいた。
⑤　53，4くらい。
Ⓣ　緊張すると声が小さくなるから……
⑥　今……でも，普通のように聞こえた。
Ⓣ　⑥君は，そう聞こえたか。今でも大きいよって。
⑦　政二先生に質問。どうして研究会が，どうして県外から先生が来られて，僕たちにはただの通過点だから，そんなに大切なものとは……

前日の最後に「私は難しいなと思った。どっちも大事っていうか……どっちもあっている。……どっちも必要っていうか……どっちも難しい」と矛盾の深まりを吐露した①の児童が口火を切った。それは，「食品ロス」に関する知的考察ではなく，「緊張すると小さい声になってしまう」と自己を認識し，その状態を乗り越えたいという情緒的態度の表明である。《A. 自己への気付き》のコンピテンスが働いていると言えよう。しかも，「見に来られた人にも聞こえるように発表したい」という言語表現の能力目標と結び付いて表現される。

教師は，児童①の状況をイラストで表現した。「では，始めようか」という

ざっくりとした宣言とともに，この教師の働きは特筆すべき技術である。始める宣言はするが，内容を教師は規定しない。これから始まる内容は児童によって構成される。したがって，児童①の発言をいたずらに肯定も否定もしない。児童①の「言いたいこと」が，他の児童にどのように理解されるかと考え，その手がかり，足場をどのように提供すべきか決断した結果のイラストと解釈できる。児童の表現をありのまま受け止める段階を経たら，次に必要なのは協同的な学びを促進する教師の具体的な働きである。

　イラストに描かれる参観者の人数を媒介に，②〜⑤の児童がつぶやいた。児童によって感じ方の異なる参観者からの圧迫感のイメージが，児童①の感覚への接近を指向して語られるのを教師の簡単なイラストが促した。さらに，教師は「緊張すると声が小さくなるから」と，あえて主語を伏せて発話することによって児童①の葛藤への接近を強調する。それは，参観者からの圧迫感をつぶやきによって共感しようとする児童とは異なる位相からの接近と言える。このような介入は，下手をすれば児童の沈黙を招く可能性もあるため，教師にとって勇気かつ根拠ある決断が必要となる。政二教諭の決断は，即応した児童⑥の発言によって正しさが証明された。

　児童⑥は児童①の告白を受けて，「（昨日よりもたくさんの人が見に来ている状況であってもあなたの発言する声は）普通のように聞こえた。（だから，緊張していても小さい声にはなっていない）」と応答したのではないか。すかさず，教師は「⑥君はそう聞こえたか」と，児童⑥という第三者的な視点から児童①の様子を見ての発言である点を念押しした。その上で，「（普通というのは小さくないという意味で言ったのであって）今でも（あなたの声は十分に）大きいよって（言いたかった）」と，児童⑥が児童①の抱える葛藤に接近し，応答しようとしている核心となる内容を端的に強調した。

　一連の教師の発言は，「では，始めようか」に続く短時間での出来事であった。児童①によって告白された葛藤を，優れた教育技術（イラスト，葛藤の核心に迫る言葉の提供，葛藤への接近・応答の核心となる言葉の提供）によって，多くの児童に着地させた。このような質の高い指導が政二学級では繰り返されてきたと了解される。児童はおそらく，《A. 自己への気付き》のコンピテンスを発

動させ，豊かにする機会に恵まれたのだろう。だから，自分でも気づかないうちに情緒が働き，他者の葛藤への接近と共感，応答が自然になされるのである。

Ⓣ　一つだけ聞きたい。緊張しているとか，声が小さくなることとか，言いたくないと思う。どうしてこんなにたくさんの前で，こんなことを言いたくなったの？
Ⓘ　こんなにたくさんの前で，慣れておきたいと思って。声が，自分の声が，奥の人までちゃんと聞こえてるかな，と。
Ⓣ　いつもと違う環境だから大変だけど，勇気がもらえる人もいるから。

　児童⑦の発言によって多数の参観者が来る理由について数人の児童が発言し，参観者にインタビューする場面があった。その後，教師は「一つだけ聞きたい」と話題を児童①の葛藤に戻した。その意図について検討したい。

　政二教諭は「緊張しているとか，声が小さくなることとか，言いたくないと思う」と，児童①の情緒に関する仮説を述べる。教師の見解が正しいなら，児童①は「言いたくない」内容なのに発言したことになる。つまり，児童①は自らの至らない点を含む内容であっても，何らかの意図によってあえて発言した可能性がある。教師は仮定を前提に「どうしてこんなにたくさんの前で，こんなことを言いたくなったの？」と問いかけた。

　教師のこのような仮定は，下手をすれば児童が困惑し，沈黙や混乱を生む要因となってもおかしくない。しかし，児童①は教師の仮説を当然の前提であったかのように受け止め，回答した。このやり取りには，政二教諭の児童理解の確かさが表れている。それにしても，失敗の可能性もあったわけなので，仮説を前提にした発問は教師にとって冒険であろう。つまり，それだけ政二教諭にとって重要な意味が込められた発問だったと理解できる。

　政二教諭が問いかけたのは，児童①があえて発言した意図であった。先ほど，児童①の発言を《A. 自己への気付き》のコンピテンスが働いていると規定したが，その内実をもう少し詳しく検討する。児童①は，多数の参観者が来る状況で緊張してしまうと自覚している。その様に自らの情動を理解する児童①なのである。そして，「緊張すると小さい声になってしまう」と情動と行動を結び付

けて考える。さらに，「たくさんの人が見に来られているから，大きな声で発表しよう」と行動目標をもち，表現した。多数の参観者が来る状況で緊張してしまう情動を，その状況下での声量を上げようと意識し，行動することにより管理しようという筋の通った思考及び態度，つまり《A. 自己への気付き》のコンピテンスを，この行動目標から読み取ることができる。児童①は，情動と行動の管理によって状況に左右されず行動できる自由を手に入れようとしているかのように見える。児童①の最初の告白には，すでに上記のコンピテンスが表出していた。しかし，児童①に意図として意識されていたとは思えない。

　教師のあらためての問いかけは，無意識に《A. 自己への気付き》と見られるコンピテンスを発揮している児童①に対して，自らの在り方の言語化を促し，意識下に置くことによって自己認識を高めるものである。児童①の「たくさんの前で慣れておきたい」という回答は，行動変容によって情動を管理する意図が端的に述べられたものである。児童①のような見事と言う他ない即応となったのは，すでに児童①の中で十分に熟成され，試みられ，その達成への基盤がほぼ仕上がってきたからこそではないか。それが，なぜ参観者に囲まれる発表会の朝という特異な状況で発露するのか。この点については，次節で詳細に論じたい。

　さて，児童①の回答を受けて語られる教師の言葉は，さらに奥深い。精一杯の状況で自らを語った児童①に対し，教師は状況への共感は示しつつも大げさに認めるような外連味はない。児童①の挑戦によって「勇気がもらえる人もいる」と語るのである。児童①の葛藤は自分自身の情動の管理が中心課題と言えるが，他者との関係性を葛藤の過程とその先に含んでいる。多数の参観者がいてこそ児童①は挑戦できる。学級の児童や先生がいてこそ話したいと思える。それらは当然の前提として語られない。もし，語られたとしても当たり前すぎて新鮮味なく聞き過ごされるだろう。政二教諭の言葉は，児童も参観者もハッとさせられるひねりが加わっている。

　児童①の告白と宣言を「あなたはどのように聞き，受け止めたか」と，他の児童に直截に迫る方法もあるだろう。だが，そのような言葉に頼っては繰り返す中で教師も児童も形式に堕す可能性がある。政二教諭のように，この場の文

100

脈と強固に結び付く言葉を選択し，示唆したり回答を促したりすれば，無限に
アレンジ可能となる。このように必要に応じて「勇気がもらえる人」等の文脈
と結び付いた言葉によって他者の立場を示唆する繰り返しによって，《E. 社会
的な気付き》のコンピテンスが育成される。

3 「食品ロス」の公開授業で起きた事実の解釈

　味わい深い「くらしの時間」に引き続いて「食品ロス」の公開授業が始まっ
た。最初は教師が「昨日仲間と考えた。いろんなことを思っているみんなでし
た。さあ，今，どんなことを思ってる。どうですか。仲間の話を聞きながら考
えてください」と静かに児童に語りかけた。続いて行われた授業の要点は以下
のとおりである。

---

1. 生産者に比べて消費者は「わがまま」ではないか。
   （ア）ある児童の調査を軸に，消費者のニーズに応えつつ，食品ロスを出
   　　さないように工夫する生産者の努力が提示された。その上で，その
   　　児童は努力する生産者に比べて，食品ロスを出す消費者は「わがまま」
   　　「ひどい」と述べた。
   （イ）消費者の中には児童も含まれており，自分たちの問題であることが
   　　確認された。
2. 消費者のニーズは「わがまま」と言えるか。
   （ア）自分たちは安心・安全に食べたい，旬の時期以外にも食べたい，見
   　　た目の良いものを食べたいというニーズがある。
   （イ）「わがまま」とは，消費者としてのニーズを出して，食品ロスにつな
   　　がってしまうことだ。
3. 販売者は消費者のニーズに応えようと努力する。
   （ア）消費者のニーズに応えると販売者は儲かる。けれど，食品ロスが出
   　　てしまう。
   （イ）販売者も，食品ロスを出したくない。けれど，利益を出すために多
   　　くの品物を揃えたり，賞味期限を管理したりする。
4. 自分たち消費者にできることを考える。
   （ア）使う予定を考えて賞味期限の短い物を買うようにする。
   （イ）食品ロスが当たり前になり，食品ロスを生み出してしまう仕組みに

気付いていないことが怖い。気付くことによって人は変われる。
　（ウ）消費者のニーズを当たり前のこととしないで「わがまま」ではない
　　　かと考え，自分たちの行動を見直してみる。
　（エ）人は変われると言うけれど，食品ロスは今も出ている。それを減ら
　　　すのは難しいし，できないかもしれない。

　ここで，前時までの状況を振り返っておこう。食品ロスを認めたくない，減
らしたいと願う児童であった。そして，食品ロスを減らすにはどうしたらよい
かを考え，調べ，行動した。前時では，調査結果を踏まえた対話によって，食
品ロスに関わって「生産，販売，調理，消費」等の立場や事情が解き明かされ，
それぞれの立場や事情が矛盾することが分かってくるのであった。

　矛盾する状況が次第に明らかになるのに対し，「食品ロスは仕方がない」と認
めざるを得なくなる児童が増える。それでも，食品ロスを認めたくない児童が
粘り強く模索する。矛盾する状況に対峙し，出口を求めようと試みる。この児
童の粘り強さは，食品ロスに関する確かな調査を踏まえた対話によって得られ
た知的認識の深まりに伴って発動した。このような粘り強さによって熟考が可
能となる。これらの過程そのものが《C. 責任ある意思決定》のコンピテンスの
表出であり，同時にその錬磨であると言えよう。

　本時では「食品ロスは仕方がない」というつぶやきが伏在しつつ，生産者
（1.（ア）（イ））や販売者（3.（ア）（イ））の努力が語られ，自らを含む消費者と
しての在り方（4.（ア）（イ）（ウ）（エ））が問題として浮かび上がってくる。それ
は当初，消費者が「わがまま」であり「ひどい」という漠然とした自虐的な見
解（1.（ア）（イ），2.（ア）（イ））として語られる。しかし，自らを含む消費者と
して在り方を具体的に語り合う中で，自虐的表現は影を潜め，4.（イ）に見
られるように「人は変われる」という積極的で社会活動への参画を指向する内
容に転換していった。これらの児童の営みは，よりよい社会のために参加する
責任感を意味する行為主体性（agency）の表れと評価することができる。

　児童①は 4.（イ）の中心軸となって，議論を主導した。それまでに児童①は
1.（イ）で，消費者には自分たちも含まれるという趣旨のつぶやきを発した。そ

して，2.（イ），3.（ア）（イ）が話し合われる過程で発言を求めて挙手した。ようやく指名された場面の記録を以下に示す。

Ｔ　なんか悩んでいるね。

①　消費者が変わらないと何も変わらないというか……（中略），自分たちがニーズを出して，それに応える生産者とかがいるわけで（中略），だから，一年中食べたいとか，それが私は当たり前になっていると思っていて，その当たり前というか，気付いてなくて……気付いてなくて，それが怖いと思ったのね。

Ｔ　昨日も出てきたけど，この今のこの状況が，当たり前になっていて，気付いていないのが怖い。怖い？

①　（中略）それまで当たり前になっているというか……まず優しさとかお店とかの工夫を気付かないと，始まらないというか，何も変わらないというか……消費者が気付いて，人それぞれだけどその後は……やってくれる人もいるかもしれないし，変わるかもしれないと思うから……まずは，工夫とか優しさに気付いて，気付いていかないといけないんじゃないかなと思う。

Ｔ　気付くことで。

①　人は変われるというか……やらなかったとしても，思いだけでも変わると思うから，だから……なんか……気付かないと始まらないんじゃないかなと思いました。

Ｔ　思いだけでも人は変われるんじゃないかなと思っているんだ。①さん，気になっていることがあるんだけど，みんなない？　じゃあ先生，一つよいですか？（中略）①さんにとって，何が怖いの？

①　消費者。自分たち消費者が気付いていないことが怖いと思った。

Ｔ　気付いていないことが怖い。みんな分かる？　気付いていない自分って，怖いんだ。なんか，そんなことって分かる？　ある？

たどたどしく語る児童①は，口下手と言ってよいかと思う。「くらしの時間」に人前での緊張を乗り越える目標を語らなければならなかった事情を，記録からも推し量ることができる。政二教諭は満を持したかのように「なんか悩んでいるね」と児童①に発言を促した。児童①なりに精一杯の熟考をしているという判断が「悩んでいる」という言葉になって口をついて出たのではないか。

それまでの議論は，消費者のニーズを巡る生産者と販売者との関連の解明を

軸に進められた。それは〈生産，販売，消費〉という社会事象相互の関係を事実に基づき言語化する活動と言ってよい。

　児童①は「当たり前になっている」ことに「気付いてなくて，それが怖い」と発言した。それまでの議論の枠組みに沿って児童①の発言を位置付けるなら，消費者の意識を指摘していると考えられる。消費者の意識が変われば，食品ロスを減らす行動に結び付くという素朴な思いつきのようにも見える。しかし，「怖い」という情動を伴う表現は，素朴ではあるが見逃せない着想を秘めている。見逃せない着想とは，社会事象相互の関係について児童①なりに俯瞰した上で，素直な情動を基盤に語ろうとする姿勢，在り方である。

　児童①は，「自分たちがニーズを出して，それに応える生産者とかがいる」とそれまでの議論を踏まえて語る。その上で，「一年中食べたいとか，それが私は当たり前になっていると思っていて」と，自分を含む消費者の状況を俯瞰する。たしかに消費者の視点への言及ではあるが，児童①のそれは〈生産，販売，消費〉という社会事象相互の関係を俯瞰する視点である。状況を俯瞰してこそ「怖い」という感情表現による象徴が成立する。同時に，情動を伴うからこそ，俯瞰される社会事象相互の関係性が，自他を同時に含む社会の問題として切実に認識される。それゆえ，児童①の見解は新たな観点を提示したと言えよう。

　政二教諭は「怖い」に込められた児童①の精一杯の考察を直観した。そして，まさに絶妙と言うべき出方で，児童①のたどたどしい語りに筋道をつけようと試みる。さらに，「気付いていないことが怖い。みんな分かる？　気付いていない自分って，怖いんだ。なんか，そんなことって分かる？」と，児童①の考察を他の児童にも辿らせようとする。児童①のように俯瞰を要する思考方法は他の児童にとって難解だったようだ。政二教諭の問いかけは，「教室のドアを閉め忘れたことに気付かない状態が怖い」と述べた他の児童の発言に回収されてしまう。ところが，児童①の「人は変われる」「思いだけでも変わる」という能動的な言葉によって，それ以後の議論は自分たち消費者にできる行動が基調となった。

4　分析・考察のまとめ

　政二教諭は，食品ロスを出したくないにもかかわらず，出さざるを得ない現状や実態を理解することで，消費行動や欲求と生産者や販売者との関係について考える姿を目標に設定した。目標自体は日本中で普通に見られる内容と言える。ところが，実現した児童の姿は「考える」だけではなく，「知れば知るほど見えてくる矛盾に抗して粘り強く考えようとし，互いに考えを交わしてよりよい道を探りたいと願い，身近なところから実際の行動に移す」ものであった。目標を大きく超える成果は，何によって生じたか。

　端的に言えば，考えたいと思える環境が政二学級には整えられていた。児童は社会科，総合的学習の授業に出演させられたのではない。食品ロスを巡る状況を知り，できればよりよい方法を見出して実行したいと願って集まってきたように見えた。さらに言えば，児童はもっと広く世の中を知り，他者と力を合わせて生きていこうとしているようにさえ見えた。「社会科，総合的学習だから社会科，総合的学習の授業を受ける」という姿ではなかった。

　朝の健康観察を含んで行われる「くらしの時間」に，児童①が葛藤を含む自己認識を語り，教師と他の児童からの接近と応答により，情動を行動によって管理しようとする筋の通った思考及び態度《A. 自己への気付き》が引き出された。加えて，それらの対話の文脈と強固に結び付いた言葉を用いて，他者の葛藤を我がこととして考えたり，応答したりする行動を促す教師の働きによって，《E. 社会的な気付き》のコンピテンスが育成される。

　「くらしの時間」に起きたことは計画された出来事ではない。児童①の内的な充実によって，児童①にしか生み出し得ないタイミングによって出来した。もちろん，教師は何もしていないわけではない。質の高い知的探究を意図的・計画的に構成し，同時に児童の内面の充実や葛藤が表出するのに即応する形で社会的，情動的な学習を不断に指導している。

　児童が考えたいと思える環境は，例えば児童①を中心とする対話から解釈されたとおり，知的，社会的，情動的な学習指導の不断の繰り返しによって整えられるのである。

　考えたくなる環境が整えられた上に，慎重に計画され，テーマに関わる個別

の調査が指導される。それぞれの調査は時に停滞するが，その原因は知的認識に限定されない。児童①のように社会的，情動的な要因と混合して表出されるのが自然だろう。事例で見られた児童のように，知的，社会的，情動的な学習指導の統合によって《C. 責任ある意思決定》のコンピテンスが発動し，よりよい社会の共同構築に向けて参画する行為主体性（agency）が育つのである。

　児童①の言葉から見えてきたのは，素直な情動と知的認識の高まりの統合的発動であった。それにより，社会事象の相互連関を俯瞰する観点の提供が可能となった。ここで重要なのは，情動と知的探究とが同時に指導される事実である。しかし，これまでの考察から明らかにできたのはその一部に過ぎない。分析の素材は，単元「食品ロス」に関する逐語記録，指導計画等に限られている。他の単元での学習記録，小学校での学びの履歴等も併せて，長い期間を通しての分析も必要である。また，「食品ロス」の記録に限っても，児童①の変容には周辺の児童の言動が深く関連していると思われる節がある。知的，社会的，情動的な学びの統合的指導では，教師の導きのみならず，児童が相互に影響を及ぼし合う様態についても事例研究を掘り下げることが必要となるだろう。

おわりに

　目的をもって他者と共に課題解決に向かう実践事例において，知的，社会的，情動的な学習が統合的に実現する事実を明らかにしてきた。考察を終えようとする今，ハンナ・アーレントの「語り，行為しつつわれわれは，人びとの世界に参入していく」[10] という意味での「行為 (独) Handeln (英) action」を思い浮かべざるを得ない。「行為し語りつつ人間は，自分が誰であるかをそのつどあらわにし，自分という存在が人格として唯一無比であることを能動的に示す。かくして人間は，いわば，それまでは自分が姿を見せることのなかった世界という舞台に，登場する」[11]。アーレントによる行為の開示的性質の説明は，事例で登場した児童の姿そのものではないか。ビースタの言うようにアーレント的「行為」は，複数性と差異の世界においてデモクラティックな人格であることを意味する[12]。事例に登場した教師と児童は，聞くことと待つこと，すなわち他者が始めるための空間を創造し，他者が主体であるための機会を創造したデモクラ

ティックな存在であったと言える。

　アーレントによれば，行為は自主独立の行為を産み出し，産み出された行為がさらに他の行為者を触発する。そして，行為はさまざまな関係を設立し，あらかじめ与えられた制限をこじ開けたり，境界を踏み越えたりする傾向を含む。行為のこのような際限のなさにより，歴史的に制度や法による安定が試みられた。しかし，行いと言葉によって自分たちの新しい始まりの真価を発揮させないではいられない新世代が次々と流れ込むため，制度や法はもろさを見せる。

　アーレントの原理的考察が示唆するのは，行為者として世界に登場した児童が互いに触発し合い，特別活動や教科，時間割等というあらかじめ与えられた制限をこじ開け，境界を踏み越えて行く可能性である。もし，その可能性を認めなければ，教師も児童も形式的に定められたさまざまな決まり事に自らを逃避させる受動的な毎日を過ごさざるを得ないだろう。

　事例のように児童を育てるには，個性的な問いの質を高める指導を，いつ誰から表出するか不明な状態に耐えつつ，児童の動きに応じて誠実に実行する必要がある。40人の児童がいれば，40とおりの問いがあろう。だが，教師も行為者の一人として教職専門性を発揮すべきである。政二教諭の場合は社会科と総合的学習を通しての探究が軸となっていた。教師の専門領域が問おうとする児童の意欲を高める可能性がある。だが，国語，算数という教科内容に重きが置かれる領域や，音楽，図画工作という技能に重きが置かれる領域の場合，児童の特性に必ずしも合致するわけではない。

　事例で見てきたような特別活動の活用も含めて統合的な学習指導を構想する場合，やはり生活科や総合的学習を軸にする道が最も有効ではないか。生活科や総合的学習のテーマから生じた個性的な問いについて，寝ても覚めても考え続ける児童であれば，多くの教師にイメージが可能だろう。生活科や総合的学習を充実させるのと同時に，知的，社会的，情動的な学習の統合的な指導をあらゆる機会を利用して実行する。それが，資質・能力時代の教師の姿である。

（金津琢哉）

【注】

1) 小泉令三『子どもの人間関係能力を育てる SEL-8S ①：社会性と情動の学習（SEL-8S）の導入と実践』ミネルヴァ書房，2011 年，15 頁。

2) 中野真志「アメリカにおける社会性と情動の学習（SEL）——「学術的，社会的，情動的な学習の協働」（CASEL）を中心に——」愛知教育大学教職キャリアセンター紀要 (7)，2022 年，159〜166 頁。

3) 高橋智子・庄司一子「社会性と情動の学習（SEL）に関する研究動向と今後の課題」筑波大学大学院人間総合科学研究科ヒューマン・ケア科学専攻共生教育学分野『共生教育学研究』（第 6 巻）2019 年，80 頁。

4) 小泉令三は『社会性と感情の教育——教育者のためのガイドライン 39——』（M.J.イライアス他著：1999）の訳者として知られている。小泉はアメリカにおける SEL の諸研究を八つの社会的能力の育成を目指した特定の学習プログラム SEL-8S（Social and Emotional Learning of 8 Abilities at School）として整理し，我が国の学校教育への適用を試みた。小泉は八つの社会的能力を五つの基礎的社会的能力（自己への気づき，他者への気づき，自己のコントロール，対人関係，責任ある意思決定）と三つの応用的社会的能力（生活上の問題防止のスキル，人生の重要事態に対処する能力，積極的・貢献的な奉仕活動）に分けた。その上で，八つの学習領域（A 基本的生活習慣，B 自己・他者への気付き，C 伝える，D 関係づくり，E ストレスマネジメント，F 問題防止，G 環境変化への対応，H ボランティア）を設定した。さらに，小学校の教育課程での実行を考えて領域①：学習のねらいが SEL-8S 学習プログラムと一致する学習領域，領域②：SEL-8S 学習プログラムが学習の上台となっている学習領域，領域③：SEL-8S 学習プログラムが実践される生活場面の三つの領域に区分した。

5) 小泉令三，上掲書，46 頁。

6) 富山市立堀川小学校「はしがき」『授業の研究』，1959 年，1 頁。

7) 藤井千春『主体的・対話的で深い学び　問題解決学習入門』学芸みらい社，2018 年，95 頁。

8) 中井明彦「はじめに」富山市立堀川小学校『第 90 回教育研究実践発表会紀要，個が育つ教育経営：個の学びと教育』（非売品），2019 年，3 頁。

9) 政二亮介「第 4 学年 政二級 子どもの追究と授業」富山市立堀川小学校『第 90 回教育研究実践発表会紀要，個が育つ教育経営：個の学びと教育』（非売品），2019 年，74〜77 頁。指導計画に関する以下の記述は全てこの資料を参照した。

10) ハンナ・アーレント著，森一郎訳『活動的生』みすず書房，2015 年，216 頁。

11) 同上書，219〜220 頁。

12) ガート・ビースタ著，田中智志・小玉重夫監訳『学習を超えて：人間的未来へのデモクラティックな教育』東京大学出版会，2021 年，135 頁。

デューイ実験学校における知性と道徳性の一体的涵養 ——総合的学習における認知的能力と非認知的能力の一体的育成に向けて——

6章

はじめに

　次の文章は，ある学校の卒業生の語りである。

> 　私はシカゴのジョン・デューイ・スクール，すなわち「シカゴ大学実験学校」に通っていた。〔中略〕
> 　私は，デューイ・スクールにおける品性の形成の成果について語らずにはいられない。年月が経ち，多くのデューイ・スクールの子どもたちの人生を注視するにつれて，私は彼らがさまざまな危機的な諸条件に容易に適応していることにいつも驚き，舌を巻いている。彼らは情緒が不安定になるような影響を受けても，気迷うことがなく，まごつくこともない。彼らは肯定的に形成された実際的な習慣に手引きされ，目の前の問題に取り掛かり，解決する。〔中略〕問題に取り組むための実用的な行動様式を知っている者は誰もが自信から生まれる勇気をもち，問題の解決を成し遂げる。〔中略〕さまざまな物事について学習するだけでなく経験するということがデューイ氏の教育の計画である。そういうわけで私たちの学校での教育は作業室でのワークであり，それによって私たちが形成した習慣は活動的な習慣だった。私たちが身に付けた規律は隣人と心地よく生活していく実際的な方法だった[1]。

　この文章中にある「デューイ氏」は米国の哲学者・教育学者ジョン・デューイ（John Dewey）を，「デューイ・スクール」はデューイがその開設・運営に携わったシカゴ大学付属小学校，通称「デューイ実験学校（Dewey's Laboratory School）」（1896年〜1904年）を指している。デューイは実際の社会生活に関わる活動を基盤とした教育実践を重視し，デューイ実験学校で教

師とともにそのような教育実践の開発に取り組んだ。デューイの教育論と
デューイ実験学校の教育実践は、総合的な学習・探究の時間（以下、総合的学
習と称す）の「主要な源流」である「新教育運動」の潮流に位置付けられる[2]。

　この文章は一人の卒業生の語りを取り上げたものであり、卒業生全員の語り
を検討したものではないため、慎重に扱う必要がある。とはいえ、今日でいう
「非認知的能力」の育ちに関わる語りが含まれていることは注目に値する。

　2017年（高等学校は2018年）に改訂された学習指導要領では、教育課程
全体が「何を知っているか」という内容（コンテンツ）ベースの教育実践から
「何ができるようになるか」という資質・能力（コンピテンシー）ベースの教育
実践へと転換されることとなった。現在のわが国の学校教育は「『資質・能力』
の時代」[3] の中にあるということができる。その中で注目を浴びているのが非認
知的能力・スキルないし「社会情動的スキル」である。「認知的スキル」が
「知識、思考、経験を獲得する知的能力」と「獲得された知識に基づいて解釈し、
熟考し、未知の事柄を推定する知的能力」を指すのに対し、社会情動的スキル
は「一貫した思考・感情・行動のパターンに現れる〔中略〕個人の能力」を指
す[4]。この社会情動的スキルには、「目標の達成」、「他者との協力」、「情動の管
理」に関わるスキルが含まれる[5]。今回改訂された学習指導要領で提起されてい
る「学びに向かう力」は、社会情動的スキルとの共通性が指摘されている[6]。本
章では、認知的スキルを含むものとして認知的能力の語を、社会情動的スキル
を含むものとして非認知的能力の語を用いる[7]。先述したデューイ実験学校の卒
業生の語りでいえば、「気迷うことがなく、まごつくこともない」こと、「自信
から生まれる勇気をもち、問題の解決を成し遂げる」ことには「目標の達成」
や「情動の管理」に関わる非認知的能力の育ちを、「隣人と心地よく生活してい
く実際的な方法」には「他者との協力」に関わる非認知的能力の育ちを看取す
ることができる。したがって、非認知的能力の育成を念頭に置きつつ、デュー
イ実験学校の教育実践に分析を加えることで、資質・能力時代の総合的学習を
展望する上での示唆を得られると考えられる。

　本章では、デューイ実験学校の教育実践を手掛かりに、資質・能力時代の総
合的学習が直面し得る課題の解決の方向性を展望することを試みる。

I 資質・能力時代の総合的学習における課題

　本論に入る前に，デューイの教育論とデューイ実験学校の教育実践に分析を加えるための観点を設定するべく，資質・能力時代の総合的学習が直面し得る課題について検討しておく。

　「教科課程」と「生活課程」という区別に基づくと，総合的学習は生活現実の吟味・拡充・更新を原理とする生活課程に分類される。生活現実の吟味・拡充・更新とは，「自分たちを取り巻く生活現実を明晰に自覚し，時に批判的に吟味し，多様な他者と協働してよりよい未来を切り開くと共に，その過程において自己の生き方，在り方を更新していく」[8]ことを意味する。

　総合的学習を含む生活課程に期待される役割の一つが「知の総合化」である。教科課程にとっての意義の面からみると，知の総合化は，「各教科で学ぶ系統的な知識や技能を総合的な学習の時間等における生活実践上の問題解決に用いることで，教科を学ぶ意義を深く実感させると共に，『習得』した知識や技能の『活用』力を高めようという考え方であり，実践上の工夫である」[9]。生活課程にとっての意義の面からみると，生活実践上の具体的な対応に意識を向け過ぎて，なぜそうするのかという原理的理解を欠いた反知性的なものに陥りやすい生活課程の学習であるが，知の総合化によって日常の生活経験では到達しがたい科学的認識を生かすことで，生活現実を批判的に吟味することができる[10]。知の総合化が期待される背景には，「要素的学力観」が関係していると考えられる。本田伊克は，中内敏夫[11]の所論をふまえ，要素的学力観が「『学校でいろいろ教えてくれることは，意味がわからず意義が見いだせなくても，できるかぎりたくさんとりこんでおけば，いつかは役立つかもしれない』といった知識観・学力観のこと」を指し，「子どもたちにとって学ぶ意義や効能を実感しにくい，雑多で相互に関連性の見いだしにくい知識をできるだけ大量に収集し正確に記憶することを迫」っていると指摘している[12]。要素的学力観によって知識を大量かつ正確に記憶することを要求された子どもは，学校で学ぶ知識の意味と相互関連を見出しにくくなってしまっているのである。生活現実の吟味・拡充・更新を原理とする総合的学習は，こうした要素的学力観を克服し，知の総合化を図る

上で大きな役割を果たすことが期待されている。

　ただし，総合的学習はこのような期待とは裏腹に，「活動あって学びなし」という批判が投げかけられてきた。体験や話し合いなどの活動を行うこと自体が目的化され，何を学んだのかが不透明になるという事態がしばしば生じた。

　しかし，総合的学習をめぐる状況は変化している。本章の冒頭で述べたように，今回改訂された学習指導要領では，内容ベースの教育実践から資質・能力ベースの教育実践へと転換されることとなった。資質・能力ベースの教育課程改革は，「社会から人間への『実力』要求をふまえ，学校でできること，すべきこと（『学力』）の中身や，学びのあり方を問い直していくこと」を求めており，「一般に『学力』概念が，教科内容に即して形成される認知的な能力に限定して捉えられがちであるのに対して，教科横断的な視野を持って，そして，非認知的要素も含んで，学校で育成すべきものの中身を広げていこうという志向性を表している」[13]。実社会との関連が重視されることで，教科固有の認知的能力の育成に閉じがちであった従来の教育課程の学力論が，非認知的能力など教科の枠に収まらない汎用的能力の育成も含むものへと拡張されたのである。このことをふまえると，総合的学習は，実生活や実社会に関わる活動の中で非認知的能力をはじめとする汎用的能力を育成してきたということができる。したがって，資質・能力論は，「活動あって学びなし」と批判されてきた総合的学習の意義を根拠付けるものとなり得る。

　その一方で，資質・能力論は，その可能性だけでなく危険性についても論じられている。奈須正裕の説明に基づくならば，汎用的な思考力などの汎用的能力は独立して実体的に存在するものではなく，各教科等で教える個別的な知識や技能がさまざまな状況や文脈に結び付いて機能するものである。しかし，汎用的な「○○力」を列挙し，それらを一つ一つ教え込んでいこうとするような動きがあり，奈須はこれについて「コンピテンシーを新たなコンテンツにする発想でもあ」ると批判している[14]。総合的学習もこのような事態に陥る危険性が十分にある。たとえば，総合的学習について，「教科横断的な汎用性の高い思考スキルの育成を，思考ツールに代表されるわかりやすい道具や方法の積極的活用によって実現しようとすると，学びの文脈の固有性や豊かさが失われるおそ

れがある」[15] という指摘がある。ここで危惧されるのは，汎用的な思考力を実体化し直接的に教え込もうとして思考ツールの活用が目的化されることで，断片的で表面的な思考力しか育成されなくなってしまうことである。また，「主体的・協働的な学びであること自体が，『資質・能力』（特に非認知的能力）の育成という点から正当化される」[16] という危惧も指摘されている。総合的学習では，体験的な活動や話し合い活動が重視されるが，主体性や協働性を育成するために，子どもが特定の体験や話し合いに取り組むこと自体が目的化されることで，生活現実の吟味・拡充・更新という目的や認知的能力の育成と切り離されることとなる。このように，ある資質・能力を実体化し個別に取り出して直接的に指導しようとするあまり，生活現実の吟味・拡充・更新という目的や他の資質・能力の育成と切り離され，断片的で表面的な資質・能力しか育成されなくなる危険性があることを指摘できる。要素的学力観を克服し，知の総合化を図る上で大きな役割を果たすことが期待される総合的学習が，「学校で身に付けられるさまざまな資質・能力は，社会生活上の意味や意義が見いだせなくても，できるかぎりたくさん身に付けておけば，いつかは役立つかもしれない」という「要素的資質・能力観」ともいうべき資質・能力観に陥ってしまうのである。

　以上のように，総合的学習にとって資質・能力論は，実生活や実社会に関わる活動を基盤とする総合的学習の意義を根拠付けるものとなり得るという「魅力」をもっている一方で，要素的資質・能力観によって，ある資質・能力を実体化し個別に取り出して直接的に指導しようとするあまり，生活現実の吟味・拡充・更新という目的や他の資質・能力の育成と切り離され，断片的で表面的な資質・能力しか育成されなくなるという「魔力」も併せもっている[17]。したがって，資質・能力時代における総合的学習は，要素的資質・能力観を克服しつつ，資質・能力をいかに社会生活との関わりの中で一体的に育成するのかという課題に取り組む必要があるといえる。

Ⅱ　デューイ実験学校における知性と道徳性の 一体的涵養への着目

　この課題に取り組むべく，本章では，デューイ実験学校における知性と道徳性の一体的涵養に着目する。デューイは，認知的能力の育成と非認知的能力の育成を別個のものとして捉えなかった。デューイが目指したのは認知的能力と非認知的能力の統一的な育成であった[18]。

　そこで注目すべきは，「非認知的（社会情緒的）能力の発達と科学的検討手法についての研究に関する報告書」において，心理学黎明期に「非認知」に着目した研究者の一人として，デューイが挙げられている点である。その中で，デューイの 1909 年の著作『教育における道徳的原理』(*Moral Principles in Education*) が参照され，デューイが「人の道徳的な動機やふるまいが，社会的状況を正確に理解し，また，的確に制御し得る力として在る社会的な知能から発するとし，それを学校教育のカリキュラムの中でいかに育み得るかということに関心を有していたことが知られている」と述べられている[19]。デューイがこうした道徳的な動機やふるまいを含む道徳性の涵養に取り組んだのが，デューイ実験学校であったといえる。したがって，非認知的能力に着目してデューイ実験学校の教育実践を分析しようとするとき，この道徳性の涵養に焦点を当てることが妥当であると考えられる。とはいえ，ここで参照されている『教育における道徳的原理』は 1909 年の著作であり，デューイ実験学校時代（1896 年〜 1904 年）の著作ではないため，デューイ実験学校の教育実践と併せて分析する史資料として最適とはいえない。そこで，本章では，デューイ実験学校時代にあたる 1897 年の論文「教育の根底にある倫理的原理」[20]（以下，「倫理的原理」論文と称す）を取り上げる。『教育における道徳的原理』はこの「倫理的原理」論文を改稿したものであり，「倫理的原理」論文にも先に取り上げた道徳的な動機やふるまいに関わる論述が見られるからである。デューイ実験学校では「知育と徳育の一体化」が目指されていたが[21]，この知育と徳育の一体化という着想は，「倫理的原理」論文では，知性と道徳性の一体的涵養という形で看取できる。また，「私たちの学校での教育は作業室でのワークであり，

それによって私たちが形成した習慣は活動的な習慣だった」という冒頭の卒業生の語りが示唆しているように，デューイ実験学校では，社会生活に関わる活動を通して知性と道徳性の一体的涵養がなされていたことも注目すべき点である。よって，知性と道徳性の一体的涵養の観点からデューイ実験学校の教育実践に分析を加えることで[22]，要素的資質・能力観を克服しつつ，資質・能力をいかに社会生活との関わりの中で一体的に育成するのかという資質・能力時代の総合的学習の課題に取り組む上での示唆を得ることができるだろう。

　以上の議論をふまえ，知性と道徳性の一体的涵養の観点からデューイ実験学校の教育実践に分析を加えた上で，それを手掛かりに資質・能力時代における総合的学習の課題の解決の方向性を展望することを本章の目的とする。

Ⅲ デューイの教育論における知性と道徳性の一体的涵養の論理

　本節では，デューイ実験学校の教育実践を分析するための観点を設定するべく，デューイの教育論における知性と道徳性の一体的涵養の論理を導出する。

(1) 知性と道徳性の相補的な関係

　まず，知性と道徳性の一体的涵養に関わるデューイの所論の基底にあった，社会生活への参加に関わる解釈を取り上げる。デューイは「学校は，社会生活への参加という考えから切り離して目的も目標ももつことはできない」[23]と述べている。デューイは社会生活への参加を学校教育の究極目標とみなし，子ども自身が「社会的等価物への翻訳」をできるようになることを目指した。子ども自身による社会的等価物への翻訳とは，「子どもが自分の力によって社会生活の中で何を達成することができるのかを理解すること」を指す[24]。これらのことをふまえると，知性と道徳性の一体的涵養もまた，子どもの社会生活への参加を究極目標とし，子ども自身が社会的等価物への翻訳をできるようになることを目指して行われるものであると考えられる。

　次に，知性と道徳性に関するデューイの所論に分析を加える。デューイは学

校における道徳性の涵養が形式的なものになっていることを問題にした。デューイによれば，学校で重視される，「迅速さ，規則正しさ，勤勉さ，他者の仕事への不干渉，課された仕事への誠実さ」といった「道徳的習慣」は「いわばその場限りのものとしてつくり出された習慣である」という[25]。併せて，デューイは「学校においてよく見られる，知性の訓練と道徳の涵養の間の，また，情報の獲得と品性の成長の間の嘆かわしい分離は，それ自体の中に社会的な生活と価値を有する社会的機関としての学校を想像し，構築することに失敗したことの一つの現れである」[26]と述べ，学校が社会生活と切り離されてしまうことで，道徳性の涵養が知性の涵養と分離され，形式的なものになることを批判した。

　その代わりに，デューイは社会生活との関連を重視した。この点について，デューイは「子どもは，大人が所属するより広い社会生活と全く同じように，正しい行動のための動機をもつべきであり，学校でも全く同じような基準によって判断されるべきである」[27]と述べている。こうして道徳性も社会生活との関連において捉え直されることとなる。デューイは，「根本的な道徳的動機と道徳的力とは，まさに，社会的関心と社会的目的のために働く社会的知性，すなわち社会的状況を観察し把握する力と，社会的力，すなわち訓練された統制能力にほかならない」[28]と述べている。デューイの解釈に沿うならば，道徳的動機と道徳的力とは，社会的関心と社会的目的のために働く社会的知性と社会的力である。ここでいう社会的知性は社会的状況を観察し把握する力を，社会的力は実際に社会的状況を統制する能力を指していると考えられる。このように道徳性を理解すると，知性と道徳性は相補的な関係にあるとみなすことができる。

　両者の相補性について，デューイが引き合いに出している判断力を例に説明しよう。まず，デューイは「知性的な側面では，私たちは判断力，通常は良識と呼ばれるものをもたなければならない。〔中略〕判断力をもっている人とは，状況を評価する能力をもっている人である」[29]と述べている。ここでいう状況を評価する能力は，社会的状況を観察し把握する力を意味する社会的知性に関わるものであるといえる。これはたしかに知性的な側面を示すものである。ただし，先述したように，この社会的知性が社会的関心と社会的目的のために働く

ものであるとすれば，それは知性以上のものを含んでいると考えられる。この点について，デューイは以下のように論じている。

　　　しかし，目的に対する意識は単なる知性以上のものであるのに違いない。最も優れた判断力をもっているが，その判断力に基づいて行動しない人のことを私たちは想像することができる。障害に対して確実に努力する力があるだけでなく，細かい心遣いを伴う直接的な応答性，すなわち，情動的な反応があるに違いない。それどころか，よい判断はこの感受性なくしては不可能である[30]。

　ここでデューイが例示しているのは，知性的な側面からみれば非常に優れた判断力をもっているが，その判断力に基づいて行動しない人である。この判断力が社会的状況を観察し把握する力を意味する社会的知性であるとすれば，それは社会的関心と社会的目的のために働くものである。社会的目的に向かう社会的関心の源となるのが，自分や他者を含む社会的状況に対する細かい心遣いを伴う直接的な応答性であり，情動的な反応である。これらはまさに道徳的な側面である。このように知性と道徳性は相補的な関係にあるといえるのである。

(2)　活動を通した知性と道徳性の一体的涵養

　知性と道徳性が相補的な関係にあるとすれば，どのように知性と道徳性の一体的涵養を図るのだろうか。デューイが注目したのが「活動」である。デューイは，「活動という方法」について，「より有機的な倫理的関係」を含むものであり，「互恵性，協同，相互奉仕の機会を提供する」ものであると述べている[31]。このように活動は互恵性，協同，相互奉仕などの道徳性を涵養する機会をもたらすが，それを具現化しているのが「オキュペーション（occupation）」である。
　デューイは，『学校と社会』の中で，オキュペーションを「子どもの側にとっての一種の活動の形態であって，社会生活で営まれるいくつかのワークの形態を再現したり，あるいはそれと類似した形態で行われたりすることである」[32]と定義している。より具体的に言えば，オキュペーションは，人間が衣食

住に関する活動を通して生活する世界と人間との基礎的な関係に関わるものであり[33]，デューイ実験学校では，木材と道具を用いた工作のワーク，さらには料理，裁縫，織物のワークによって代表されていた[34]。また，デューイによれば，「オキュペーションの心理学において重要な点は，オキュペーションが経験の知性的な面と実践的な面のバランスを保つということである」[35]という。デューイ実験学校では，オキュペーションに基づいて行われる社会生活に関わる実践的な活動は諸教科における知性的な学習との関連付けが図られた。

　知性と道徳性の一体的涵養の観点から注目すべきは，「ある道具を使うことへの熟達やある物の製作が第一の目的」とされる手工訓練のワークでは「子どもが最もふさわしい素材と道具を選択するできる限りの知的責任を与えられず，自分自身のワークの模型と計画を熟考する機会も与えられず，自分自身の誤りに気付くように，それらの誤りを修正する方法を見つけ出すように〔中略〕導かれることもない」というデューイの主張である[36]。デューイによれば，このような手工訓練のワークは，「結果に至る過程に伴う精神および道徳の状態と成長よりもむしろ表面上の結果を考慮する限りは，手工的と呼ばれてもよいだろうが，オキュペーションと名付けるのは適切ではない」[37]という。前項の議論と照らし合わせて解釈すると，次のようになる。学習の主たる目的が道具の使い方への熟達や物の製作に置かれる場合，作業に関わる技能は習熟していくだろうが，そもそも何のためにその作業を行うのかという社会的関心や社会的目的が軽視されてしまう。そこで，子どもが最もふさわしい素材と道具を選択する知的責任や子ども自身のワークの模型と計画を熟考する機会を保障することで，子どもは社会的関心を社会的目的に向け，その社会的目的を実現するべく，自分たちの生活上の必要性や要求をふまえてどのような素材や道具が最適なのかを考えるといった社会的知性，道具を適切に使って作業を進めるといった社会的力を発揮することができるのである。このことは，デューイのいうオキュペーションが知性と道徳性の一体的涵養を志向していたことを示している。

　では，社会生活に関わる活動という観点からみるならば，知性はどのように涵養されるのだろうか。先述したように社会的知性は社会的状況を観察し把握する力を意味しているが，知性と道徳性の一体的涵養というときの知性の涵養

はこの社会的知性の涵養のみならず，教科の学習も含むものだと考えられる。

　ここで取り上げるべきなのが「心理化（psychologizing）」である。心理化は「現前の子どもが経験できるものとなるよう，子どもの興味や力の発達を考慮して教科内容の基となる学問的知見を再構成すること」[38] を指す。具体的に言えば，教科内容および学問的知見を「現在の子どもの活動と照らし合わせ，社会生活における子どもの活動の発展に資するものとして再構成すること」[39] を含意している。心理化において留意すべきは，地理を引き合いに出した次のデューイの主張である。すなわち，「私たちは子どもの現在の経験の範囲内に（あるいは子どもが容易に獲得しうる経験の範囲内に）地理学的と呼ばれるに値するものとして何があるのかを発見しなければならない。それは子どもに地理をどのように教えるのかという問題ではなく，まず第一に子どもにとって地理とは何かという問題である」[40] と。本章の議論に引き付けて言えば，教科内容および学問的知見を心理化する際，「子どもにその教科および知識・技能をどのように教えるのか」を問う前に，「子どもの活動にとってその教科および知識・技能とは何か」を問うことが重要になるといえる。

　心理化に伴い，各教科の意義も社会生活に関わる活動との関連から捉え直されることとなる。ここでは，次節で取り上げるデューイ実験学校の教育実践に関わって，歴史科と理科に関するデューイの解釈を取り上げる。

　まず，歴史科に対する解釈である。デューイは，「歴史科は単に歴史として取り上げられるとき，遠く離れた過去に投げ込まれ，死んだような面白みのないものになる。歴史科は人間の社会生活と進歩の記録として取り上げられるならば，十分な意味をもつようになる」[41] と論じている。また，「人間がどのようにして生活するのかという問題は，子どもが歴史的な素材に取りかかるときに見られる顕著な興味を表している」[42] という主張にも示されているように，デューイは人間の社会生活との関連から歴史科の意義を捉え直した。

　次に，理科に対する解釈である。デューイは「私は，自然それ自体が人間の活動から離れていて統一されていないので，教育が理科の学習，あるいはいわゆる自然学習によっては統一されえないと信じる」，「私は理科の学習が現在の社会生活をつくり上げる諸々の素材と過程を明らかにする限りにおいて教育的

であると信じる」と述べている[43]。デューイは理科に関しても人間の活動や社会生活との関連を強調したのであった。

このように，デューイは各教科の意義を社会生活に関わる活動との関連から捉え直すことで，活動を通した知性と道徳性の一体的涵養を図ろうとしていたといえる。

（3）　知性と道徳性の一体的涵養を図る活動の指導

以上，デューイの教育論における活動を通した知性と道徳性の一体的涵養について分析を加えてきた。では，教師は知性と道徳性の一体的涵養を図る活動をどのように指導していけばよいのだろうか。これまでの議論も含め，結論を先に示すと，**図1**のようにまとめられる。

まず教師が念頭に置くべきは，「道徳的な生活は，個人が取り組んでいることの目的を自ら適切に認識し，当人がこれらの目的への関心と傾倒の精神をもっ

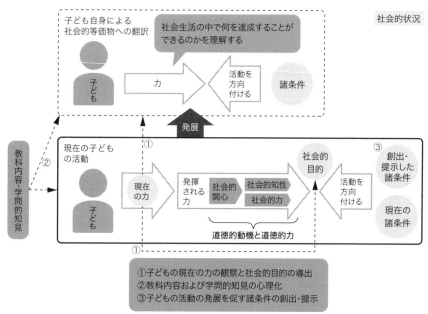

図1　デューイの教育論における知性と道徳性の一体的涵養の論理　　（筆者作成）

てワークを行うときのみ示される」[44]という点である。教師が社会生活上の価値のある社会的目的を導出し一方的に提示したとしても，子どもがその目的を自分の活動と結び付けて認識し，社会的関心を向けることがなければ道徳性の涵養を促すことはできない。そこで重要になるのが，子どもの観察である。デューイはその必要性を以下のように強調している。

> 個々の子どもの観察から始めなければならない。私たちは子どもの中に現れ出しつつある諸力，つまり，諸々の本能と衝動を見つけ出す。私たちはこれらの本能と衝動が何を表すのか，すわなち，何を意味しているのかを知ることを望む。これはそれらの本能と衝動が機能しうる目的を，あるいは行動の組織化された手段となりうる目的を探究することを意味する。子どものありのままの諸力（crude powers）をこのように解釈することによって，私たちはそれらの諸力を社会生活に導くことができる[45]。

教師は個々の子どもの現在の力を観察しながら，その力の発揮と活動の発展を促すような社会的目的を導出することが必要になる（＝①）。知性と道徳性の一体的涵養の観点に沿うならば，ここで発揮を期待される力は，道徳的動機と道徳的力，すなわち，社会的関心と社会的目的のために働く社会的知性と社会的力である。また，ここで導出される社会的目的は，子ども自身による社会的等価物への翻訳に資するものが望ましいと考えられる。

次に，教師は教科内容および学問的知見を心理化すること，すなわち，それらを現在の子どもの活動と照らし合わせ，社会生活における子どもの活動の発展に資するものとして再構成することが必要となる（＝②）。

教師は子どもの現在の力の観察と社会的目的の導出，教科内容および学問的知見の心理化を行った上で，子どもの自発的な活動と子どもに実現を期待する目的を結び付けることが求められる。ただし，デューイによれば，この二つを直接結び付けることができるのは子ども自身だけであり，「教師ができるのは，子どもが自らその結び付きをつくり出すができるように諸条件（conditions）をつくり上げることのみである」[46]という。諸条件とは，環境に含まれ，人間の

活動を方向付ける諸力を指す。教師に求められたのは，子どもが自分の活動の社会的目的に社会的関心を向け，その社会的目的の実現のために活動を発展させることを促すような諸条件を創出ないし提示することであったといえる（＝③）。

　教師はこのように知性と道徳性の一体的涵養を図る活動を指導することで，子ども自身が社会的等価物への翻訳をできるようになることを目指すのである。

Ⅳ デューイ実験学校における知性と道徳性の一体的涵養の具体

　前節での議論をふまえ，本節では，デューイ実験学校におけるオキュペーションに関わる教育実践を取り上げ，デューイの教育論における知性と道徳性の一体的涵養の論理を観点として分析を加える。ここでは，本章において総合的学習を主題としていることをふまえ，年少のグループではなく，より年長のグループで行われた実践のうち，知性と道徳性の一体的涵養の具体がより明確に示されているグループ10（13歳）でのクラブハウス作りの活動を取り上げる。

　グループ10でのクラブハウス作りの活動の具体は，以下の通りである。

　このような多くの興味の発達に応えて，多数の社会的組織が生まれた。最も活動的だったのは，討論とディベートを行うデューイ・クラブだった。このグループは，カメラ・クラブやその他の全てのグループと同様，残念ながら，学期の間だけ設けられるものだった。子どもたちが自由に使うことができ，邪魔されることなく自分たちがミーティングを行いたいときに行うことができる場所はなかった。子どもたちの実際的で切なる要求から，自分たちの力で実際のハウスを計画し，建て，備品を備え付けるというクラブハウスのアイディアが生まれた。二つのクラブが協力し，議論をして，大人たちに相談しながら，クラブハウスの建設が実行可能な計画であると決定付けた。建築様式，建築，衛生，経費，室内装飾の委員会が結成され，指導する仕事をした経験があるという理由で各委員会の長が選ばれた。建設場所は種々の部門の教師たちの手引き

の下に選ばれた。計画が作られ，費用が見積もられた。内装の計画が案出され家具の図案が作られた。建設場所の選択に先立って，ハウスを建てる際に考慮に入れなければならない土壌の構成物，排水条件，気温，日当たり，風向きを調査した。都市と田舎における必要なものの相違が注目された。グループの各メンバーは，その後，上述の全ての点に留意して，ハウスの設計図を描くように求められた。〔中略〕

　美術室では，クラブハウスにふさわしい建築様式について議論が進められた。これは，建築様式と馴染みのあるさまざまな建築様式の類型の起源について手短に学習するための機会であった。子どもたちは特に，ギリシアとエジプトが楣（まぐさ）の本場であり，ローマが半円アーチの本場であり，ヨーロッパがゴシック建築とサラセン建築の尖頭アーチの本場であることを知った。子どもたちが最終的にクラブハウスのために選んだ様式は「私たちができるコロニアル様式」だった。〔中略〕

　ワークが進むにつれて，グループ10は自分たちが着手したことが自分たち自身の成し遂げる力を超えたものであることを実感し，少しずつ学校全体をクラブハウスの建造を完了するための協同的な活動に巻き込んでいった。〔中略〕子どもたち自身のクラブと関心のためのハウスを準備するという目的のおかげで，この企画は多くのグループと年齢の子どもたちを引き寄せ，きわめて倫理的かつ社会的な奉仕を生み出した。それはクラブ活動に現われ始めていた非社交的かつ徒党的な雰囲気に関わる多くの徴候を取り除いた。大勢の人たちの協同によって生み出される可能性を子どもたちが実感するようになるにつれて，このグループの雰囲気は排他的なものから包摂的なものに変化した。ベンチ作りで忙しい男子たちとクッション作りに取り組む女子たちは1年以上の間，団結することはなかったが，共通の目的によって団結した[47]。〔後略〕

　グループ10の子どもは，自分たちのクラブがミーティングを行うことができるクラブハウスを作るという社会的目的に社会的関心を向け，クラブハウス作りに取り組んだ。教師は自分たちのクラブがミーティングを行うことができる場所が欲しいという子どもたちの要望を受け，その相談に乗りながら，最終的にクラブハウス作りが実行可能であると子どもたち自身が判断したところに，「子どもの現在の力の観察と社会的目的の導出」を看取することができる。

　子どもはクラブハウス作りに必要な準備を進め，さまざまな力を発揮していった。たとえば，クラブハウスの建設場所を決める際，子どもは理科で扱う

ような土壌の構成物，排水条件などの諸条件を考慮するという社会的知性を発揮したと考えられる。また，クラブハウスに最適な建築様式を考えるときには，子どもは歴史科や美術科で学ぶような歴史上のさまざまな建築様式を学習し，自分たちの希望や力などクラブハウスをめぐる諸条件を考慮して決めるという社会的知性を発揮したといえる。これらの背後では，デューイ実験学校の教師がクラブハウス作りという活動に関わって，「教科内容および学問的知見の心理化」と「子どもの活動の発展を促す諸条件の創出」を行っていたと推察される。

　子どもはこのようにクラブハウス作りに取り組む中で，同じグループや他のグループの子どもへと社会的関心を広げたことで，排他的だったグループの雰囲気が包摂的なものになっていった。したがって，この実践では，クラブハウス作りという活動を通して知性と道徳性の一体的涵養が図られたといえる。

おわりに

　以上分析を加えたデューイ実験学校における知性と道徳性の一体的涵養を手掛かりにしたとき，要素的資質・能力観を克服しつつ，資質・能力をいかに社会生活との関わりの中で一体的に育成するのかという資質・能力時代の総合的学習の課題の解決に向けてどのような展望を示すことができるだろうか。

　デューイ実験学校における知性と道徳性の一体的涵養は社会生活に関わる活動を通して行われていた。こうしたデューイ実験学校の教育実践が示唆するのは，要素的学力観に直面する可能性をもつ内容ベースの教育実践ではなく，要素的資質・能力観に直面する可能性をもつ資質・能力ベースの教育実践でもなく，活動ベースの教育実践という方向性である。ただし，活動を重視するのみでは，再び「活動あって学びなし」という事態に陥ってしまう。それを乗り越えるために，具体的には，以下の2点に留意することが重要となる。

　第一に，子どもが社会的関心を向け，認知的能力と非認知的能力を含むさまざまな力を発揮することができるような活動の社会的目的を導出することである。デューイ実験学校の子どもは，オキュペーションに関わる活動において，知性や道徳性を直接的に指導されたわけではなく，「自分たちのクラブがミーティングを行うことができるクラブハウスを作る」という社会的目的に社会的

関心を向け，知性および道徳性に関わるさまざまな力を発揮し，伸長させていったのである。したがって，総合的学習においても，子どもが社会的関心を向け，さまざまな力を発揮することができるような活動の社会的目的を導出することが必要となる。

　第二に，現在の子どもの活動と照らし合わせ，他教科等で扱われる個別的な知識や技能を，社会生活における子どもの活動の発展に資するものとして再構成するという心理化を行うことである。本章第1節で取り上げたように，汎用的な思考力などの汎用的能力は独立して実体的に存在するものではなく，各教科等で教える個別的な知識や技能がさまざまな状況や文脈に結び付いて機能するものである。したがって，他教科等で扱われる個別的な知識や技能と子どもの活動との関連を吟味することなく，教科横断的な視野から汎用的な思考力の育成を図ろうとしても，要素的資質・能力観に陥ってしまう。デューイの主張を言い換えて述べるならば，要素的資質・能力観を克服し，教科横断的な視野から認知的能力と非認知的能力の一体的育成を図るためには，「子どもの汎用的な資質・能力をどのように育成するのか」を問う前に，「子どもの活動にとってその教科および知識・技能とは何か」を問う必要がある。このように他教科等で扱われる個別的な知識や技能を心理化することによって，子どもが社会的目的のために社会生活における活動を発展させていくことに資するような認知的能力と非認知的能力を一体的に育成することができる。

　総合的学習にとって資質・能力論は，「魅力」と「魔力」を併せもっている。私たちが教育実践を通して子どもの資質・能力をいかに育成するのかを考えていけばいくほど，私たち自身の資質・能力観が問われることとなる。

（中村仁志）

【付記】
本研究はJSPS科研費 JP22K02644 の助成を受けたものである。

【注】

1) Mayhew, Katherine Camp & Edwards, Anna Camp, *The Dewey School: The Laboratory School of the University of Chicago 1896-1903,* Atherton Press, 1965, pp.406-407. (Originally published, D. Appleton-Century Company,1936) 本書を訳出する上で，小柳正司監訳『デューイ・スクール――シカゴ大学実験学校：1896 年－ 1903 年――』（あいり出版，2017 年）を参照した。

2) 中野真志「欧米における新教育運動の思想と歴史」日本生活科・総合的学習教育学会編『生活科・総合的学習事典』，溪水社，2020 年，6 ～ 7 頁。

3) 中村仁志「『資質・能力』時代における総合的学習の展望」中野真志・加藤智編『生活科・総合的学習の系譜と展望』第 2 版，三恵社，2021 年，182 頁。

4) OECD, *Skills for Social Progress: The Power of Social and Emotional Skills*, OECD Skills Studies, OECD Publishing, 2015, p.34.
本書を訳出する上で，無藤隆・秋田喜代美監訳『社会情動的スキル――学びに向かう力――』（明石書店，2018 年）を参照した。

5) *Ibid.,* p.34.

6) 経済協力開発機構（OECD）編著，無藤・秋田監訳，上掲書，3 頁。

7) 小塩真司は「スキル」には「訓練や教育によって変容しやすいニュアンスが含まれる」一方で，「能力」には「それよりも変わりにくいニュアンスが含まれる」と述べている（「非認知能力とは」小塩真司編著『非認知能力――概念・測定と教育の可能性――』，北大路書房，2021 年，5 頁）。本章では，資質・能力は教育実践を通して育成可能ではあるものの，直接的な指導によって育成することは難しいという意味を込めて，認知的能力ないし非認知的能力の語を用いる。

8) 奈須正裕「教育課程編成の基本原理」奈須正裕・坂野慎二編著『教育課程編成論新訂版』，玉川大学出版部，2019 年，34 頁。

9) 同上論文，36 頁。

10) 同上論文，36 ～ 37 頁。

11) 中内敏夫『中内敏夫著作集 I 「教室」をひらく――新・教育原論――』，藤原書店，1998 年，95 ～ 97 頁。

12) 本田伊克「学校で『教える』とは，どのようなことか」久冨善之・長谷川裕編『教育社会学 第二版』，学文社，2019 年，47 頁。

13) 石井英真「資質・能力ベースのカリキュラム改革をめぐる理論的諸問題――教育的価値を追求するカリキュラムと授業の構想に向けて――」『国立教育政策研究所紀要』第 146 集，2017 年，110 頁。

14) 奈須正裕「コンピテンシー・ベイスの教育が抱える可能性と危うさ」教育哲学会『教育哲学研究』第 119 号，2019 年，5 頁。

15) 吉永紀子「総合的な学習で育てる『資質・能力』と文脈を超えてゆく学び——いまこそ問われる総合の学びのゆくえ——」グループ・ディダクティカ編『深い学びを紡ぎだす——教科と子どもの視点から——』，勁草書房，2019年，114頁。

16) 石井英真，前掲論文，113頁。

17)「魅力」と「魔力」という表現は，荒井英治郎「『法』のなかで生きる教員とは？——ブレーキ／モーターとしての法——」（井藤元編『ワークで学ぶ教職概論』，ナカニシヤ出版，2017年，70〜83頁）から示唆を得た。

18) 藤井千春『問題解決学習で育む『資質・能力』——誠実な対話力，確かな情動力，互恵的つながり力——』，明治図書出版，2020年，59頁。

19) 遠藤利彦（研究代表者）「非認知的（社会情緒的）能力の発達と科学的検討手法についての研究に関する報告書」第2版，国立教育政策研究所，2017年，15頁。

20) Dewey, John, "Ethical Principles Underlying Education," 1897a, Boydston, Jo Ann (Ed.), *The Early Works: 1882-1898,* Vol. 5: 1895-1898, Southern Illinois University Press, 1972, pp.54-83.
本論文を訳出する上で，上野正道・村山拓訳「教育の根底にある倫理的原理」（上野正道訳者代表『デューイ著作集6　教育1　学校と社会，ほか』，東京大学出版会，2019年，47〜78頁）を参照した。

21) 小柳正司『デューイ実験学校における授業実践とカリキュラム開発』，あいり出版，2020年，11〜13頁。

22) デューイ実験学校における知性と道徳性の一体的涵養という本章の主題に関わる先行研究として，中野真志の研究が挙げられる。中野はこの研究の中で，「デューイと実験学校の教師たちは，学習の知的な成果が行動において実用的な力となるために，それらが品性と生き生きと結びつくような学校の理念と雰囲気，教授方法等を追求したのである」というように，知性と道徳性の一体的涵養に関わる重要な指摘を行っている（「デューイ実験学校（1896–1904年）におけるモラル教育」愛知教育大学『愛知教育大学研究報告』第51輯（教育科学編），2002年，12頁）。本章の議論は，このような中野の研究に学びつつ，その中で十分に論及されていない，知性と道徳性の一体的涵養を図る活動の指導に関わる具体的な論理を導出する点に意義がある。

23) Dewey, John, op.cit., 1897a, p.60.

24) 中村仁志「シカゴ大学時代のデューイ思想の活動構成論としての再構成」愛知教育大学生活科教育講座『生活科・総合的学習研究』第18号，2022年，17頁。

25) Dewey, John, op.cit., 1897a, p.63. 強調原著者。

26) Ibid, p.62.

27) Ibid, p.63.

28) Ibid, p.75.

29) Ibid, p.79.

30) Ibid, p.80.

31) Ibid, p.66.

32) Dewey, John, *The School and Society,* 1899, Boydston, Jo Ann (Ed.), *The Middle Works: 1899-1924,* Vol. 1: 1899-1901, Southern Illinois University Press, 1976, p.92.
本書を訳出する上で，北田佳子・黒田友紀訳「学校と社会」（上野正道訳者代表，上掲書，119〜242頁）を参照した。

33) *Ibid.*, p.95.

34) *Ibid.*, p.92.

35) *Ibid.*, p.92.

36) *Ibid.*, pp.92-93.

37) *Ibid.*, p.93.

38) 中村仁志（2022），上掲論文，14頁。

39) 同上論文，17頁。

40) Dewey, John, "The Psychological Aspect of the School Curriculum," 1897c, Boydston, Jo Ann (Ed.), *The Early Works: 1882-1898,* Vol. 5: 1895-1898, *op.cit.*, p.169. 強調原著者。

41) Dewey, John, "My Pedagogic Creed," 1897b, Boydston, Jo Ann (Ed.), *The Early Works: 1882-1898,* Vol. 5: 1895-1898, *op.cit.*, p.89.
本論文を訳出する上で，中村清二・松下丈宏訳「私の教育学的信条」（上野正道訳者代表，上掲書，79〜94頁）を参照した。

42) Dewey, John, *op.cit.,* 1899, p.105.

43) Dewey, John, op.cit., 1897b, pp.89-90.

44) Dewey, John, op.cit., 1897a, p.77.

45) Ibid., p.76.

46) Ibid., pp.76-77.

47) Mayhew & Edwards, *op.cit.*, pp.228-233.

7章 総合的な学習の時間における知性・社会性・情動の育成の実際

はじめに

　近年，これまで測定されてきた認知的スキルとは異なるものとして非認知的スキルへの注目が高まっている。経済協力開発機構（OECD）が出した社会情動的スキルの報告書でも「子どもが，要求と変化の多い，予測不可能な今日の世界に適応するには，バランスのとれた認知スキルと社会情動的スキルが必要である。〔中略〕特に社会情動的スキルは，予想しない事柄との対峙，多様な要求への対処，衝動の制御，他者と効果的に働くうえで重要となる。」[1]と述べるように，非認知的スキルの中でも社会情動的スキルが重要視されていることが分かる。なお，非認知的スキル・社会情動的スキルについては，我が国の研究でも定義が分かれるため，本章では上述の経済協力開発機構（OECD）の「社会情動的スキル」のフレームワークを用い，社会情動的スキルを表す力として，スキルを構成する「目標を達成する力」，「他者と協働する力」，「感情をコントロールする力」を取り上げることとする[2]。

　では，社会情動的スキルはどのような場面で育成されるのか。中野はOECDの学力到達度調査（PISA）の結果から，横断的・総合的な学習や探究的な学習を通して，よりよく課題を解決し，自己の生き方を考えていくことを特質としている，総合的な学習の時間（以下，総合的学習と称す）が世界的にも高い評価を受けているとしている[3]。つまり，総合的学習が社会情動的スキルを育成する上で，効果的であるといえる。

　では，総合的学習における学習活動において，社会情動的スキルをどのように育むことができるか。前述の通り社会情動的スキルは三つの力で整理される。そこで，本章では総合的学習の実践について，「目標を達成する力」，「他者と協働する力」，「感情をコントロールする力」の三つの力がその実践のどの場面で具体的にどのように育まれたか，逆に育まれていないのかという観点で分析す

る。また，分析結果から，どのように改善すればこれらの力を育むことができるのかという改善案を示すことで，社会性・情動の育成について論じることとする。

さらに先述の三つの観点に加えて，中野は「汎用的な資質・能力の育成を学校カリキュラムで強調し過ぎるならば，各教科等の本質的な知識や技能（内容）が軽視されるという危険性がある。」[4] と指摘していることをふまえると，学習活動における知的な要素を軽視することはできないと言える。野口も「総合的な学習において，子どもが自ら体験を通して獲得した『内容』が，教科で学ぶ文化遺産としての『内容』と出会うことを通して，相互の『内容』を実感をもって理解することに繋がらなくてはならない」[5] と述べるように教科の学習も含めた知性的な内容を学習活動に組み込む必要がある。そこで，上記の三つの観点に加え「問題解決のために必要な知識」を得ているかどうかという観点も加え，実践の分析，改善を行うことで，総合的学習における知性・社会性・情動の育成について論じることとする。

Ⅰ 総合的学習の実践事例

本節で取り上げるのは豊川市立八南小学校の 2020 年度の 5 年生で筆者が行った総合的学習の実践である。子どもたちの具体的な姿と筆者（担任）の考えを紹介しながら，実践の中で「目標を達成する力」「他者と協働する力」「感情をコントロールする力」の育成に関わることができたか，また，「問題解決のために必要な知識を得たか」という観点で分析する。

（1） 学校と児童の様子

豊川市は愛知県東部に位置する人口 18 万人ほどの都市である。中でも八南小学校は市の中央部に位置し，児童数で見れば市内で 3 番目に大きな学校である。校区の北側には山や川などの自然が豊かで，夏には蛍を見ることができる。南側には大きな街道が走り，多くの店が並んでいる。学校の周りは田んぼや畑が多く見られ，学校から歩いて行ける距離にカントリーエレベーターも位置している。

八南小学校5年生は，昨年度に総合的学習で校区を走る白川の環境を守る活動を行っていた。地域にある「美しい白川を守る会」の方々と協力しながら，白川に住む生物を調査したり，ゴミ拾いをしたりしながら，水の大切さやごみの処理などについて学習を深め，川の環境を守ることを訴える看板の設置までしている。しかし，活動の成果をまとめ，1学年下の3年生に白川での活動を報告する会の準備をしていた2月末，全国で新型コロナウイルスの感染拡大を防ぐために一斉休校となってしまい，そのまま4年生を終えてしまった。

　4年生の総合的学習でも自然である白川を取り扱い，自然に触れる機会は多くあった。また，白川の活動はプロジェクトとして各チームに分かれてグループ活動をとっており，協力しながら様々な活動にあたっていた。しかし，教科の学習の様子を見ると，与えられた課題には真剣に取り組む姿勢を見せるものの，自分から問題点を発見したり，学習課題を設定したりすることには慣れていないようであった。また，活動には意欲的であるものの文献等から調べ物をする活動では，調べ方やまとめ方が分からない様子であった。加えて，前年度に発表ができなかったこともあり，人前で自分の考えを表現することには消極的であった。

　八南小学校では例年5年生の総合的学習で米作りをしている。学校が借りている水田は学校から道路を挟んだ向かいにあり，非常に近い距離にある。周りの水田の農家の方が毎年ボランティアとして代掻き，田植え，収穫，脱穀をお手伝いしてくださるだけでなく，水田の管理も行ってくださっている。また，学校のすぐそばにあるカントリーエレベーターからも苗をいただいたり，田植えや収穫を手伝ったりしていただいている。多くの地域の方々に助けていただきながら，5年生の総合的学習は行われており，米作りを通して，米だけでなく地域のことについても学ぶことができると考えた。

（2）　米作りとの出会いと田植え

　2020年2月末の休校から子どもたちが久しぶりに登校したのは4月6日の始業式の日であった。久しぶりに会う友達とクラス替えで盛り上がり，学級開きを終えたのもつかの間，たった2日間来ただけで再び休校になってしまった。それから約2か月の休校を経て，本格的に新年度がスタートしたのは5月末のことだった。

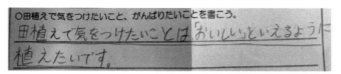

写真1

　5月末，まずはこれから米作りをすることを伝え，社会科の教科書を使いながら，米の作り方を学習した。八南小学校では例年5年生が米作りを行っていることを子どもたちの多くも知っていたが，1学期の調理実習や7月の野外活動で使う米が，昨年度の5年生（一つ上の学年）が作った米をもらっていることは知らず，驚いていた。米作りの仕方については，教科書に載っている「代掻き」や「田植え」などの言葉は理解したものの，実際にどのようになるのか，「田起こし」や「代掻き」はなぜ必要なのかということについてはまだよくわかっていないようであった。米作りの流れを確認した後，田植えについて気をつけたいこと，がんばりたいことを聞くと，「まっすぐ植えたい」といった田植え自体の抱負の他に「『おいしい』といえるように植えたい」「おいしくなるとうれしい」などのお米がおいしく育つことを願うものもあった（写真1）。これらの子どもたちの考えから「おいしいお米になってほしい」という願いをもっていることが分かったが，この時は筆者も田植えのことばかり考えていたため，田植えでおいしくなるように植えようと伝える関わり方しかできなかった。

　この時はすでに水田に水がはられていた。地域の方からは代掻きする前であれば水田に入ってもよいと伺っていたが，この週はまだ3時間授業であり，他の教科も進めなければならず，水田に入る時間を作ることができなかった。

　翌週の6月1日には地域の方がトラクターで代掻きをする所をすぐ目の前で見学した（写真2）。先日，教科書で勉強したことが目の前で行われている様子に子どもたちも驚いていた。農家の方が上手にトラクターを操ると，水の下でぼこぼこだった地

写真2

面がきれいにならされていく。子どもたちからは「おおー」と感嘆の声が上がった。代掻き後の感想には、「代かきをしてもらったらすごくきれいになってびっくりしました」とあり、地域の方がスイスイと代掻きをする様子に驚いていることが分かる。また、社会科の教科書に載っていた「代掻き」が「田んぼの土をきれいにならす作業」ということを実感したようであった。

　代掻きから二日後、田植えを行った。写真3は田植えをする子どもの様子である。子どもたちはぬかるみに足をとられながらも、一つ一つ丁寧に植えていた。田植えには農家のボランティアさんやカントリーエレベーターの方が協力に来てくださり、子どもたちに苗の持ち方や植え方を教えてくださった。最初は水田の中に入るのをためらっていた子どもも入ってからは楽しそうに田植えを行っていた。

写真3

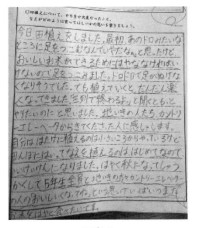

写真4

　田植え後の感想には「一本一本植えるのは大変だった」と農家の大変さにふれるものや、「おいしく育ってほしい」「大きくなるのが楽しみ」とこれからに期待するものが挙げられた。写真4は田植え後の感想である。「地いきの人たち、カントリーエレベータからきてくださった人に感しゃします」とあるように、地域の方への感謝やお米への願いはあるものの、「はやく秋になってしゅうかくして」と次の段階が収穫になっており、お米の管理という視点がもてていないことが分かる。第1時のときにも「『おいしい』といえるように植えたい」と感想があるように、子どもは「おいしいお米」への思いは十分にもっていると言える。しかし、学級でその思いを共有できておらず、そのための課題や計画も立てられていなかった。

特に八南小学校は農家の方が本当によくしてくださるために管理もよく，子どもたちは手をかけなくてもお米は無事に育つ。筆者自身も田植えを一区切りと考えてしまい，総合的学習は環境問題について学習するという別の単元に入ってしまった。また，昨年度末からの休校の影響で教科の内容もつまっており，米作りに時間をさくことができなかった。「目標を達成する力」という観点でいえば，「おいしいお米を育てる」という目標を明確にもっていないこと，個々人が抱えている「おいしいお米を作りたい」という思いはあっても，そのための具体的な達成方法を考えられていないことが課題として挙げられる。

（3） 稲が育つまで

　休校の影響でこの年の夏休みは短く，8月17日から夏休みが明けて学校が再び始まった。夏休みの間に水田にタニシが多くいることに気づいた筆者は子どもに水田の様子を尋ねた。水田のすぐ横を通ってくる子どもは水田に水がどれくらいあるか，稲がどれくらい育っているかがなんとなくわかっていたが，水田とは反対側の校門から登下校する子は水田の様子をよくわかっていなかった。そこで，8月19日，水田に行って稲を観察する時間を設けた（写真5）。植え

たときは20センチほどだった稲も，子どもの腰の高さほど大きくなっていて，子どもたちからは「思ったより大きくなっていた」という声が上がった。観察することで稲の成長を確認した子どもたちは同時に田んぼの中にタニシが多くいることに気がついた（写真6）。また，水田の一部で植えたはずの苗がなくなっていることに気づいた。タニシが苗を食べることを子どもたちに伝えると子どもたちからは驚きの声が上がった。二日後，子どもたちとお米のためにできることを考えることにした。

　図書館やコンピュータールームで米作り

写真5

写真6

において大変なことや米作りの苦労について調べると，タニシだけでなくウンカや鳥，クモなども種類によっては天敵であることがわかった。そこで，できそうな対策も考えたところ，タニシの罠や防鳥テープならできそうだということがわかった。

　本来であればグループを作り，チームごとに考えてこれらの取り組みを行いたかったのだが，8月末は保護者との懇談会や授業の進度の関係で行う時間が取れなかった。また，9月は運動会の練習が毎日のようにあるため，こちらも授業時間が確保できなかった。そのため，タニシのトラップのみ8月末に有志を募って行うことにした。有志として集まってくれた子にはタニシトラップを一緒に作り設置と回収も行った（写真7）。なお，タニシトラップの中のえさには2年生の許可を得て，2年生の畑で余った野菜をいただいたものを使った。ところが，8月末という非常に暑い時期だったこと，授業の時間

写真7

が確保できなかったために放課の時間に行うしかなかったことなどの理由から，思うように子どもは集まらなかった。子どもの中で「タニシのせいでお米が危ない」という危機意識が低かったことも原因として挙げられる。子どもの「おいしいお米を作りたい」という意欲を共有して課題にしておけば，この際ももっと人が集まったのではないかと思う。

（4）　収穫から収穫祭・感謝の会

　水田に対して結局タニシトラップのみで終わってしまってからしばらく過ぎた9月末。運動会の後に地域の方から水田の様子がおかしいと連絡が入った。聞けば，今年は30年に1度のウンカの大量発生が起き，八南小学校の水田を含め地域の水田はどこもウンカに稲をダメにされてしまっているそうである。確かに稲の様子を見ると，ところどころ枯れて色が変わっているところがあった。

ところが，それから急激な速さで枯れる稲が増えてしまった。数日のうちに稲が変色していく様子に気付く子もおり，心配する子も現れた。地域の方と相談に本来の予定を早めて10月6日に稲刈りを行うことにした。

写真8

収穫には田植えの時と同様に地域のボランティアの方が8名ほど来て，子どもたちに刈り取り方や干し方を教えてくださった。収穫できたお米は例年の半分ほどしかなかったが，それでも多くの子にとって稲刈りは初めての経験であり，大変な作業であった。鎌で刈り取る子，刈り取った稲を運ぶ子，運んだ稲を縛る子，縛った稲をつるす子と役割分担をしながら子どもたちは作業を進めていった。子どもたちは汗びっしょりになっていた。収穫後の感想には「稲のいい香りがとてもした」と匂いも感じ取った子や「手で刈り取るのは大変だったけど，地域の方に教えてもらえてコツが分かった」と地域の方に感謝する子もいた。一方で，「今年は『ウンカ』という小さい虫がいっぱいいました。体にくっついてきたりして，いやだなぁとは思ったけど，私たち，地域のかたがたが作ってくれたお米なのでこんな虫にたまるかといっしょうけんめいとりました。また，だいたいウンカにやられてしまいかなしかったです」とウンカのことに触れる子も多く，子どもたちにとってお米の半分がだめになってしまったことが悲しかったようである。

10月6日に収穫したお米は一週間干した後，14日に地域の方に協力していただきながら子どもたちと脱穀した。そして，お米が無事に収穫できたことを喜ぶとともにお世話になった地域の方に感謝する機会として，11月20日に収穫祭・感謝の会を開くことにした。そこで，収穫祭・感謝の会に向けて，子どもたちは運営チーム・おもてなしチーム・会場チームに分かれて準備を進めた。

運営チームでは，さらに六つのグループに分かれ，2チームずつ「田植え」「収穫」「ミシン・手縫い」を分担し，チームに分かれて学んだことのプレゼンテーションを作成した。なお，「ミシン・手縫い」が含まれるのは，今回の会

写真 9

写真 10

写真 11

写真 12

写真 13

は感謝の会としてお米づくりのボランティアさんだけでなく，家庭科でミシンや手縫いを教えてくださった方々も招待したためである。運営チームの子どもたちは「田植え」などのテーマで学んだことを振り返り，どのようなことを伝えようかを考えた（写真9）。チームの仲間と写真を選んだり，原稿を考えたりした。教師のアドバイスなどのフォローはあったものの，台本作り，写真選び，当日のパソコンの操作をチームのメンバーだけで協力して行うことができた。写真10は当日のプレゼンテーションの様子である。子どもたちも地域の方も熱心に聴いていた。

　会場準備チームでは，会場の飾りつけだけでなく，学んだことがわかるパネルを用意した。こちらのチームも学んだことをまとめ，写真と言葉を選びながら画用紙に貼っていき，会場に掲示した（写真11）。

　おもてなしチームでは，感謝状の作成と新米でつくった料理を担当した。特に新米を使った料理は何にしようかと話し合いを重ね，試し作りをして味も確かめた（写真12）。その結果，みそ焼きおにぎりをプレゼントすることになった。収穫祭後の子どもの感想からは，「みんなで食べるときにみんながうまいうまいといって食べてくれたのでとてもうれしかったです」と作ったものを認めてもらえたよろこびを感じていることがわかる（写真13）。

（5） 実践の成果と課題

　さて，ここまでの実践の様子を述べてきたが，この実践において知性・社会性・情動はどのように育まれたのか，また，どのような点で課題が残ったのか，それぞれの観点における成果と課題を挙げる。

　「目標を達成する力」について，本実践では，一部では目標達成へ向けて取り組んでいる場面があるもののいくつかの課題がある。例えば，収穫祭・感謝の会では，地域の方のために，プレゼンテーションを準備したり，おもてなしの料理を考えて実行したり，会場を作ったりしている。特にプレゼンテーションを作ったことがない子たちも多く，写真選びからセリフを考えるところまで，自分たちで努力する様子が見られた。当日のパソコン操作も当初は教員が行う予定であったが子どもたちから「自分たちでやりたい」という要望があり，子どもたちに任せたという経緯がある。忍耐強く物事に取り組み，収穫祭・感謝の会を成功させるという目標への取り組みは「目標を達成する力」の育成につながると言える。しかし，実践の全体で捉えれば，それぞれの活動で目標自体を明確にしていないこと，目標達成のための方法を検討していないこと，対象への関わりが少なく，お米（稲）への愛着を持てていないことなどが課題として挙げられる。単元の中の一部ではなく，単元を貫く課題を解決する中で，個々の課題に取り組むような単元の流れが必要であった。

　「他者と協働する力」について，地域の方への感謝に関しては，多くの子が収穫祭・感謝の会の取り組みを通して，その感謝を述べていた。実際，田植えや稲刈りでは，地域の方に教えてもらいながら，それぞれの作業に取り組んでおり，そのような場面では協働する姿が見られたと言える。また，稲刈りや収穫祭・感謝の会の後の振り返りでも地域の方に感謝する記述は多く見られた。一方で，本実践で子ども同士が協働する場面は限定的であった。一定期間チームで関わったのは収穫祭・感謝の会のプロジェクトチームくらいであり，米作り自体ではあまり関わり合う機会を設けることができなかった。地域の方との関わりは多くあったものの，子ども同士の協働については課題が残ると言える。

　さらに，「感情をコントロールする力」についても課題が残る。経済協力開発機構（OECD）は「感情をコントロールする力」の下位概念として「自尊心」

「楽観性」「自信」を挙げているが[6]，本実践で子どもが自分や物事を肯定的に捉えられるような指導や支援はしていなかった。また，本実践の振り返りの中で，自分が頑張ったと思う取り組みについては記述があるものの，子どもの中で自尊心が高まったような記述は見つけられなかった。その原因として本実践の中で米作りについて困難に立ち向かったり，子どもたちで乗り越えたりする機会がなかったことが挙げられる。つまり，感情のコントロールを必要とする場面がなかったのである。たしかに，「水田に入るのが嫌だ」「夏の暑い日にタニシを取りに行くのは嫌だ」「収穫祭・感謝の会の準備は面倒くさい」という気持ちを乗り越えて，活動を行うことは「感情のコントロール」につながったかもしれないが，個人的な好み等の葛藤だけでなく，それ以上に「子どもの中から生じる達成したい気持ち」と「達成できない状態」とが葛藤する場面を作る必要があった。

　最後に「問題解決のために必要な知識を得たか」という観点についての成果と課題を述べる。教師の発案ではあるが，子どもたちは社会科の教科書を用いて米作りの過程を学習し，その後も米作りの天敵と対策を調べた。収穫祭・感謝の会では，これまで学んだことを振り返りながらプレゼンテーションや掲示物を作った。また，家庭科で調理器具の使い方を学習した子どもたちは米を炊き，炊けたご飯を使って調理をした。このような姿が見られたことから限定的ではあるが，教科の学習で学んだことを総合的学習に生かしていると言える。しかし，より知的な活動を取り入れることができなかった。例えば，夏休み明けに水田を見に行き，タニシが多いことに気が付いたため，子どもたちと稲のためにできることを調べたが，その後の活動は有志での活動にとどまり，稲づくりに必要な「知」を実践し，振り返るような探究のプロセスは経験することができなかったのである。単に教科での学習内容と関わり合うだけでなく，知的な活動として，探究のプロセスを回していけるように活動を計画する必要があった。

　これらの実践の課題をふまえ，次節では，米作りの実践に修正を加えた指導案を示しながら，知性・社会性・情動が総合的学習において，いかに育成できるかを検討する。

Ⅱ 本実践の修正案

　前節では，総合的学習の実践を紹介した。また，先述した四つの観点から実践の課題を示した。本節では，これらの課題を乗り越え，どのような総合的学習を展開すれば知性・社会性・情動が育まれるのかを考察したい。本節では指導案の項目に沿って，単元の目標，教材観，指導観，単元の展開構想を紹介していく。なお，前節の（1）と内容が重複する部分があるが，本節を指導案の一部と考え，あえてそのまま記述する。

（1） 単元の目標

　単元の目標は以下の通りである。

○米作りについて調べ，その流れを知るとともによりおいしい米を作るための方法について理解を深めることができる。　　　　　　【知識及び技能】
○米作りを通して学んできたことや米作りの成果や課題をプレゼンテーションやパンフレットにまとめ，表現することができる。【思考力，判断力，表現力】
○米作りについて興味をもって知ろうとしたり，米作りの活動に進んで取り組んだりするとともに地域の方や友達との関わりを通して，身近な方への感謝や共に生きるとは何かについて理解を深めようとする。

　　　　　　　　　　　　　　　　　　　　　　　【主体的に学習に取り組む態度】

（2） 単元における教材観

　本単元では米作りを取り上げる。米は日本の生活において欠かせない食材の一つである。小学校五年生の社会科には「米作りのさかんな地域」について学習する単元もあるように，我が国の主要な農作物の一つとして米作りも重要であると言える。加えて，本校は水田に囲まれ，学校からすぐ近くの位置にカントリーエレベーターもあり，子どもたちにとって水田は身近なものである。しかし，子どもたちは，米をどのように作るのか，米農家さんたちはどのような苦労や工夫をしているのかということについてあまりよくわかっていない。また，地域の方が八南小学校の子どもたちを大切に思ってくれているという実感

がもてないでいる。そこで，地域の方に協力してもらいながら，私たちの生活に身近な米を作る活動を通して，これらのことを実感していくようにしたい。

また，米作りは決して簡単な作業ではない。季節に応じた水の管理や害虫，害獣の対策が必要である。自分たちで作る米だからこそ，どうすればよりおいしいお米やたくさんのお米が収穫できるのかを学級など子ども同士で考え，探究のプロセスを回していくことができる。田植えから収穫後まで，多くの手間を必要とする米は，継続的に地域の方や子どもたち同士が関わることのできる教材であるといえる。多くの手間をかける中で，「目標を達成する力」，「他者と協働する力」「感情をコントロールする力」を伸ばすことができる教材がこの米作りであると考える。

（3） 単元における指導観

本単元では学年で取り組む場面と学級で取り組む場面，さらに小さなグループで取り組む場面を作る。なお，学年で取り組む理由として，田植えや稲刈りは地域の方に何名も来ていただいて行うが，本校の5年生は3学級あり，それぞれで予定を合わせて，来校していただくことは地域の方々に大きな負担をかけてしまう。また，天候不順で田植えや稲刈りの時期を過ぎてしまえば，次の作業ができないばかりか，せっかくいただいた稲をだめにしてしまう可能性もある。そこで，大勢の人数が必要な場面は学年で取り組むこととする。また，収穫祭・感謝の会も学年で行う行事のため，学年や学級をまたいだチームで分かれて活動を行う。しかし，その他の取り組みについては，基本的に学級で行っていく。

本単元で重視するのは，探究のプロセスと協働である。探究のプロセスとは大きく分けて「課題の設定」「情報の収集」「整理・分析」「まとめ・表現」の四つの段階がある[7]。学習指導要領の解説では「①日常生活や社会に目を向けた時に湧き上がってくる疑問や関心に基づいて，自ら課題を見付け，②そこにある具体的な問題について情報を収集し，③その情報を整理・分析したり，知識や技能に結び付けたり，考えを出し合ったりしながら問題の解決に取り組み，④明らかになった考えや意見などをまとめ・表現し，そこからまた新たな課題

を見付け，更なる問題の解決を始めるといった学習活動を発展的に繰り返していく。要するに探究的な学習とは，物事の本質を探って見極めようとする一連の知的営みのことである。」[8] と説明されるが，その探究のプロセスを子ども同士のチームで回していくことで，上記の四つの観点が達成されると考える。例えば，設定した課題の解決について取り組むことはまさに「問題を解決する力」に関連する。その中で，子ども同士が行き詰まりや悩みを言い合う場を設けることは「他者と協働する力」「感情をコントロールする力」につながるだろう。また，知性について，上述の学習指導要領で「知的営み」と言われるように探究のプロセスは知的な側面を内包している。例えば，米作りの専門家である米農家さんに話を聞いたり，米作りについて本やインターネットで調べ学習をしたりして実際に実行し，振り返りをして新たな課題を見つけることで，本校における最適な米作りを確立することができるだろう。加えて，ただ調べ学習をするのではなく，実践に移していきながら，成果と課題を本校の米作りの方法として積み上げていくことこそ，まさに知的営みであると言える。このような活動を組み入れていくことで，「問題解決のための必要な知識」を得ることができると考える。

（4） 単元の展開構想

　単元の展開構想は次頁の**表1**の通りである。なお，①～④は4つの観点を表している。①は「問題を解決する力」，②は「他者と協働する力」，③は「感情をコントロールする力」，④は「問題解決のために必要な知識の習得」である。それぞれの活動において①～④に関わるものに番号をつけている。

表1　単元の展開構想　　　　　　　　①〜④四つの観点　※支援　○評価

【社会】 『米づくりのさかな地域』	**米ってどうやってできているんだろう④** ○米作りの流れを確認する。 ・米作りには多くの作業があるんだね。 ・おいしいお米が作りたいな。 　　　　おいしいお米を作ろう	○主体的に学習に取り組む態度 ・おいしいお米をつくるための方法を知ろうとする。 ※野外教育活動で使うお米は一つ上の学年が作ったものということを伝える。
	水田に入ってみよう ○水田に入り、土の感触に慣れる。 ・柔らかくて、足がとられる。 ・よく見ると、タニシのたまごがあるよ。	
【理科】 『植物の発芽』	**代掻きを見学しよう** ○地域の方の代掻きを見学する。 ・ぼこぼこだったのに、すぐに平らになって驚いた。 ・農家の人の技術がすごいと思った。	※水田に何度も足を運び、水田や稲への愛着を深める。
【国語】 『環境問題について報告しよう』	**田植えをしよう②③** ○地域の方に教わりながら田植えをする。 ・一束一束、ていねいに植えたよ。 ・おいしく育ってほしいと願いをこめたよ。 ・農家の人の大変さが分かったよ。	○主体的に学習に取り組む態度 ・それぞれの活動に進んで取り組もうとする。 ・地域の方に進んで教わろうとする。
【国語】 『知りたいことを聞き出そう』	**稲のためにできることを考えよう①②③④** ○稲のためにできることを調べ、チームで対策を講じる。 ・タニシが多いからタニシ対策をしよう。 ・水田の周りは鳥が多いよ。鳥の対策が必要だ。	
【国語】 『問題を解決するために話し合おう』	対策を調べよう　　　　稲の様子を観察しよう ・かかし。　　　　　　・タニシが減ったね。 ・タニシトラップ。　　・おかしな様子はないかな。 　　　　　 対策を計画しよう　　　対策を実行しよう ・かかしにCDをつける。・うまくいくといいね ・罠のエサはキュウリかな。・おいしいお米を守ろう。	○知識及び技能 ・米作りにおける障害や対策、工夫を理解することができる。 ※水田に何度も足を運び、稲の様子をくり返し確認する機会を設ける。
	稲刈りをしよう②③ ○地域の方に教わりながら、稲刈りをする。 ・稲にできることをやってきたかいがあったよ。 ・お手伝いしてくださった地域の方々にも感謝しなきゃ。	
	脱穀をしよう ○地域の方に協力してもらい、機械で脱穀する。 ・一瞬で種もみに変わったよ。 ・収穫した稲からたくさんできてうれしい。	○思考力、判断力、表現力 ・今年度の米作りの取り組みを振り返り、成果と課題について表すことができる。
【家庭科】 『食べて元気に』	**収穫祭・感謝の会を開こう①②③④** ○収穫祭・感謝の会を計画、運営する。 ・がんばったお米がついに食べられてうれしいよ。 ・どうしたら地域の方に感謝が伝わるかな。 ・みんなにもおいしいお米を食べてもらいたいね。	

展開構想から分かるように，単元の大きな流れは前節で紹介した実践と変わらない。大きくポイントに挙げるのは，第1時にあたる教材との出会いの場面と，田植え後の「稲のためにできることを考える」場面である。

　まず，実践の課題として挙げられたのが，単元を貫く課題が明確に設定されていなかったことである。実践では「おいしいお米を作りたい」という思いが授業の感想にはあったものの，筆者はこの感想を学級で共有するところまで至らなかった。そのため，修正指導案では，第1時の教材との出会いをより丁寧に行うこととした。授業の最初に，これから米作りを行うこと，野外教育活動の米として一つ下の学年の子たちが使うこと，自分たちの野外教育活動や調理実習のお米も一つ上の学年の子が作ってくれたものということ，これらを聞いた子どもたちは実践のときと同様に「おいしいお米を作りたい」という思いをもつだろう。授業の終盤でこの思いを学級で共有することで，単元を貫く課題として「おいしいお米を作る」という課題を設定することができると考える。また，この後，水田に入ったり，代掻き見学をしたり，田植えをしたりする。これらの活動を通して，水田や稲に慣れるとともにより「おいしいお米を作りたい」という思いを強くすることができると考える。実際，本当の実践の中でも田植え後に「おいしく育ってほしい」という感想があった。それぞれの活動後にこのような感想を交流する機会を設けることで，単元を貫く課題を達成したい思いをより強くすることができるだろう。

　もう一つ，この修正した単元の展開構想でポイントとなるのが，田植え後の「稲のためにできることを考える」場面である。田植えの前から水田に足を運ぶ機会を増やし，水田や稲の様子をよく見るようにすることで，水田の変化，稲の変化に気づきやすくなる。また，上述の通り「おいしいお米を作りたい」という思いを強くもつ子どもたちは，意欲的においしいお米を作るための情報を調べるだろう。そこで，鳥，タニシ，ウンカなどの虫，鹿などがその天敵としていることに気づく。また，天敵に対する対策も同時に調べることとする。調べる方法としては文献やインターネットもよいが，地域の方にインタビューもしたい。実際に「鹿」というのは筆者が地域の方から聞いたことである。お手伝いしてくださる地域の方は学校のすぐそばに水田をもっている方が多いため，

地域の方に米作りの天敵やおいしくするためのコツを聞くことが，その土地にあったよい方法を知る方法であると言える。

　調べ学習から，自分たちに何ができるかを考えた後は，グループに分かれて対策を計画し実行に移していくことにする。ここでグループに分かれるのは，グループ内での協働を生みやすくするためである。例えば，鳥よけとしてかかしを作るにしても，人の大きさと同じ程度のかかしを作るには，数名で協力する必要がある。対策ごとにグループを分け，「鳥対策チーム」「タニシ対策チーム」などといったように，どのグループが何を行うのかを明確してチーム分けを行うことで，同じ目的を達成させるために協力し合う機会になると考える。また，対策を講じる際に，地域の方に対策のコツを聞いたり，低学年の夏野菜を育てている学年（本校では2年生と特別支援学級にあたる）から育て過ぎた野菜を分けてもらったりすることもよいだろう。野菜はタニシのトラップに使うことができるが，このように自分たちの身近な人たちに協力してもらって米作りに取り組むことで，身の回りの人のありがたさや協力し合って生きることの大切さに気づくきっかけになると考える。

　このように調べ学習からチームごとに対策を行い，その成果と課題を記録しておくようにする。成果と課題とは，鳥対策としてかかしを作ったのなら，どのようなかかしを何体作ったか，一番効果があったのはどのかかし，などの記録である。これらを最後にプレゼンテーションやパンフレットにまとめることで，次年度の5年生が米作りをする際の参考にすることができる。より効果のあった対策を行ったり，さらに改良を加えたり，違う対策に取り組んだりすることで，子どもたちも自分たちが米作りに貢献したという思いをもつことができる上，学校としてもノウハウが蓄積していくことになる。年度の終わりや収穫祭・感謝の会の前後に一つ下の学年に成果報告会を行うこともよいだろう。次年度の子どもたちが「自分たちもおいしいお米を作りたい」という思いをもつきっかけを作ることができるかもしれない。

　「おいしいお米を作りたい」という思いを強くし，一つのプロジェクトとして，様々な人たちと協力しながら探究のプロセスを回していくことで，「問題を解決する力」「他者と協働する力」「感情をコントロールする力」「問題解決のために

必要な知識」を育むことができるだろう。

まとめ

　これまで，筆者の実践を紹介しながら，その実践を修正する形で「問題を解決する力」「他者と協働する力」「感情をコントロールする力」「問題解決のために必要な知識」を育む総合的学習について考察してきた。筆者の実践では，子どもたちと単元を貫く課題を設定することができなかった。そこで，修正指導案では教材に触れる場面を設定したり，子ども同士の思いを共有する場面を設定したりした。また，単元の中で探究のプロセスを回すことができなかったことと子ども同士が協働のする場面を効果的に設定できなかったことも課題として挙げられた。そこで，修正指導案では「稲のためにできることを考える」場面を設定し，課題ごとにプロジェクトを立ち上げる場面を設定した。

　ここで強調しておきたいのは，単元を貫く課題の設定や探究のプロセス，協働的な学習などはどれも総合的学習の特色として重視されてきていることである。例えば，藤井は総合的学習の探究において重要な点として「課題そのものが子どもたちにとって自己課題，すなわち，自分たちで価値を実感している，何としてもやり遂げたい課題として設定されていること」[9]を挙げている。また，協働的な学習についても今後求められることとして永田は「特に異なる多様な他者と協働して主体的に課題を解決しようとする学習活動を重視する必要があること」[10]としている。つまり，総合的学習において知性・社会性・情動の育成を図るには，総合的学習の特色である探究的な学習と協働的な学習を丁寧に計画・実行していくことが重要であると言える。今回の修正指導案は，総合的学習の特色として重要視されていることを指導案の中で改めて計画したものである。しかし，この特色こそが知性・社会性・情動を育むための重要な点であり，今後の総合的学習においても継続して丁寧に実践されていくべきであろう。

　とはいえ，筆者の修正指導案はあくまで構想に過ぎず，修正指導案をもとに実践を行ったわけではない。実際には時間の制約などがあり，修正した指導案通りに単元が進まないことは往々にしてあるだろう。特に米作りなど自然を相手にする単元は，天候などの自然条件に左右されることもある。また，学校行

事があったり，教科学習の進捗状況にも注意したりしないといけない。子ども同士のコミュニケーションをとる活動が制限されたり，地域の方などの学校外の方に協力していただく活動ができなかったりする場合もある。

　様々な制約があるということは，本当にやらなければならないことは何であるかを考える必要があるということである。その際に，考えるべきは教育の目標であり，単元で見れば単元目標である。何が必要かを考えたとき，総合的学習においては「単元を貫く課題」を子どもたちが達成したいと強く思うこと，探究のプロセスを協力しながら回していくことは，総合的学習の特色であり，知性・社会性・情動の育成を踏まえても，必ず重視しないといけないことであると筆者は考える。変化の激しい教育現場だからこそ，教員自身も社会情動的スキルを発揮し，子どもたちが効果的な学習活動を行えるように指導・支援する必要があると言えるだろう。

（岡田直俊）

【注】

1) 経済協力開発機構（OECD）編著「社会情動的スキル――学びに向かう力」明石書店，2018年，26頁。

2) 同上書，52頁。

3) 中野真志「21世紀型学力・汎用性と総合的学習」日本生活科・総合的学習教育学会編『生活科・総合的学習辞典』渓水社，2020年，107頁。

4) 同上。

5) 野口徹「総合的な学習と各教科との関係づくり」日本生活科・総合的学習教育学会編『生活科・総合的学習辞典』渓水社，2020年，101頁。

6) 経済協力開発機構，上掲書，52頁。

7) 文部科学省『小学校学習指導要領（平成29年告示）解説　総合的な学習の時間編』東洋館出版社，2018年，9頁。

8) 同上書。

9) 藤井千春「総合的な学習で期待される探究的な学び」日本生活科・総合的学習教育学会編『生活科・総合的学習辞典』渓水社，2020年，108頁。

10) 永田忠道「総合的学習で期待される協同的な学習」日本生活科・総合的学習教育学会編『生活科・総合的学習辞典』渓水社，2020年，111頁。

8章 総合的な学習の時間における 単元計画の作成

はじめに

　単元とは，課題の解決や探究的な学習活動が発展的に繰り返される一連の学習活動のまとまりを指す。単元の作成は，教師が意図やねらいをもって，このまとまりを適切に生み出そうとする作業と言える。この作業は，教師の自律的で創造的な営みである。しかしながら，総合的な学習の時間の単元をどのように構想するのか，ということについては，これまであまり深く議論されてこなかったように思われる。

　総合的な学習の時間では，各学校が目標や内容を定めることになっている。学校によっては，例えば，5年生では校区の田んぼを借りて米作りに挑戦する，6年生では福祉で近所の高齢者福祉施設を訪問する，といったように，学年毎に扱うテーマや教材があらかじめ決められていることも珍しくない。このようなテーマや教材は，これまでその学校において既に十分な実践経験が蓄積されており，価値のあるものであろう。しかし，これらのテーマや教材を扱うことが，児童生徒の資質・能力の育成に資するかどうかについては十分に検討する必要がある。

　本章では，ここまでに述べてきた総合的な学習の時間で育成を目指す資質・能力の育成に資する単元計画の作成について，知性，社会性，情動の視点を踏まえて論じる。

I 総合的な学習の時間の全体計画の作成

　全体計画とは，学校として，総合的な学習の時間の教育活動の基本的な在り方を示すものであり，単元計画も，全体計画に基づいて行われることとなる。本節では，総合的な学習の時間の全体計画の作成について論じる。

全体計画に決まった形はないが，必須の要素として，以下の三つが挙げられる。

・各学校における教育目標
・各学校において定める目標
・各学校において定める内容[1]

　各学校の総合的な学習の時間の目標及び内容については，いずれも「第1の目標」を踏まえ，各学校で定めることとなっている。したがって，各学校において目標及び内容を設定し，それに基づいて単元計画を作成することとなる。
　さて，学習指導要領総則の第1章総則には，学校教育目標と総合的な学習の時間目標について，以下のように規定されている。

教育課程の編成に当たっては，学校教育全体や各教科等における指導を通して育成を目指す資質・能力を踏まえつつ，各学校の教育目標を明確にするとともに，教育課程の編成についての基本的な方針が家庭や地域とも共有されるよう努めるものとする。その際，第5章総合的な学習の時間の第2の1に基づき定められる目標との関連を図るものとする。[2]

　ここに示されているように，教育課程の編成に当たっては，各学校の教育目標を明確にするとともに，総合的な学習の時間において各学校が定める目標との関連を図ることが求められている。したがって，総合的な学習の時間の目標の設定に当たっては，図1のように，学校教育目標を確認し，その関連を意識することになる。

図1　各学校において定める目標と第1の目標，各学校における教育目標の関係

例えば，Ａ小学校の学校教育目標は，「自律・協同・創造」である。自律には「自らを律しつつ，主体的に行動する子」，協同には「思いやりの心を持ち，支えあうことのできる子」，創造には「意欲と個性を伸ばし，新しい価値を創り出す子」という願いが込められている。このＡ小学校の教育目標を踏まえて総合的な学習の時間の目標を設定するとすれば，次のような手順が考えられる。[3]

①育成を目指す三つの資質・能力で学校教育目標を分析し，具体化する

　学校教育目標は，普遍的な教育理念が盛り込まれており，また，長期的な目標として設定されているため，抽象的な文言となっていることが多い。そこで，教育目標が達成された児童の姿を，表１のように育成を目指す三つの資質・能力の視点で分析することで，教育目標を具体化することが可能となる。なお，図２では，空欄なくすべての枠が埋まっているが，埋まらない枠があっても構わない。ただし，そのような枠は，これまでの教育課程や学習指導において十分に意識されてこなかった資質・能力である可能性があるため，埋まらない理由について検討する。学校教育目標が時代に合っていないがために児童の具体的な姿として描けないのであれば，学校教育目標の見直しを検討することも考えられる。

表１　学校教育目標を資質・能力の三つの柱で具体的に描く

		知識及び技能	思考力，判断力，表現力等	学びに向かう力，人間性等
学校教育目標	自律	自分のよさや課題	解決の見通しをもつ	粘り強く学ぶ
	協同	人々の努力や工夫	相手に合わせて伝える	いろいろな人と関わる
	創造	地域の持続可能性	課題の解決の仕方を考える	よりよい地域を創る

②各学校において定める総合的な学習の時間の目標を書き表す

　各学校において定める総合的な学習の時間の目標を書き表すには，総合的な

学習の時間の「第1の目標」の構成に従いつつも，これまで各学校が取り組んできた経験を生かして，各目標の要素のいずれかを具体化したり，重点化したり，別の要素を付加したりして目標を設定することが考えられる。その際には，①で具体化された児童の姿を適切に反映させるとよい。例えば，次のように目標を設定することが考えられる。

探究的な見方・考え方を働かせ，地域に目を向け，いろいろな人と関わりながら課題を粘り強く追究し，自分を見つめ，自己の生き方を考えることができるようにするための資質・能力を次の通り育成することを目指す。
(1) 地域の課題に関わる探究的な学習の過程において，課題の解決に必要な知識及び技能を身に付けるとともに，自分のよさや課題に目を向けながら，持続可能な地域がそこに関わる人々の努力や工夫によって創られることに気付く。
(2) 地域の課題から問いを見出し，その解決に向けて見通しをもって調べ，集めた情報を整理・分析し，相手に合わせてまとめ・表現する力を身に付ける。
(3) 地域の課題についての探究的な学習に主体的・協働的に取り組むとともに，互いのよさを生かしながら，よりよい地域を創ろうとする態度を育てる。

③各学校において定める総合的な学習の時間の内容を設定する

　このようにして設定された学校の総合的な学習の時間の目標に基づき，総合的な学習の時間の内容が設定されることとなる。総合的な学習の時間の内容とは，「目標を実現するにふさわしい探究課題」と「探究課題の解決を通して育成を目指す資質・能力」で構成される。

　探究課題とは，児童生徒が探究に取り組む課題である。学習指導要領解説には，以下の例示がある。

・国際理解，情報，環境，福祉・健康などの現代的な諸課題に対応する課題，地域や学校の特色に応じた課題
・地域や学校の特色に応じた課題
・児童生徒の興味・関心に基づく課題
・職業や自己の将来・進路に関する課題（中学校・高等学校のみ例示）[4]

これらの課題は，一つの決まった正しい答えがあるわけではなく，また，特定の教科・科目等の枠組みの中だけで完結するものではない。具体的には表2のような探究課題が例示されている（ここでは小学校及び中学校の探究課題の例示を掲載する）。

表2　小学校及び中学校の探究課題の例

課題の類型		探求課題の例（小学校）	探求課題の例（中学校）
横断的・総合的な課題（現代的な諸課題）	国際理解	地域に暮らす外国人とその人たちが大切にしている文化や価値観	地域に暮らす外国人とその人たちが大切にしている文化や価値観
	情報	情報化の進展とそれに伴う日常生活や社会の変化	情報化の進展とそれに伴う日常生活や消費行動の変化
	環境	身近な自然環境とそこに起きている環境問題	地域の自然環境とそこに起きている環境問題
	福祉	身の回りの高齢者とその暮らしを支援する仕組みや人々	身の回りの高齢者とその暮らしを支援する仕組みや人々
	健康	毎日の健康な生活とストレスのある社会	毎日の健康な生活とストレスのある社会
	資源エネルギー	自分たちの消費生活と資源やエネルギーの問題	自分たちの消費生活と資源やエネルギーの問題
	安全	安心・安全な町づくりへの地域の取組と支援する人々	安心・安全な町づくりへの地域の取組と支援する人々
	食	食をめぐる問題とそれに関わる地域の農業や生産者	食をめぐる問題とそれに関わる地域の農業や生産者
	科学技術	科学技術の進歩と自分たちの暮らしの変化	科学技術の進歩と社会生活の変化
地域や学校の特色に応じた課題	町づくり	町づくりや地域活性化のために取り組んでいる人々や組織	町づくりや地域活性化のために取り組んでいる人々や組織
	伝統文化	地域の伝統や文化とその継承に力を注ぐ人々	地域の伝統や文化とその継承に力を注ぐ人々
	地域経済	商店街の再生に向けて努力する人々と地域社会	商店街の再生に向けて努力する人々と地域社会
	防災	防災のための安全な町づくりとその取組	防災のための安全な町づくりとその取組
児童の興味・関心に基づく課題	キャリア	実社会で働く人々の姿と自己の将来	
	ものづくり	ものづくりの面白さや工夫と生活の発展	ものづくりの面白さや工夫と生活の発展
	生命	生命現象の神秘や不思議さと，そのすばらしさ	生命現象の神秘や不思議さと，そのすばらしさ
職業や自己の将来に関する課題	職業		職業の選択と社会への貢献
	勤労		働くことの意味や働く人の夢や願い

（文部科学省『小学校学習指導要領（平成29年告示）解説　総合的な学習の時間編』東洋館出版社，2017年，77頁，文部科学省『中学校学習指導要領（平成29年告示）解説　総合的な学習の時間編』東洋館出版社，2017年，73〜74頁を基に筆者作成）

「探究課題の解決を通して育成を目指す資質・能力」とは，各学校において定める目標に記された資質・能力を各探究課題に即して具体化したものであり，児童生徒が各探究課題の解決に取り組む中で，教師の適切な指導により育成を目指す資質・能力である。ここには，目標が実現された際に現れる望ましい児童生徒の成長の姿が示されることになる。

　ここまでに論じてきた「各学校において定める目標」と「各学校において定める内容」，そして単元計画との関係を整理すると，図2のようになる。各学校において定める内容を踏まえて単元計画を作成する必要がる。

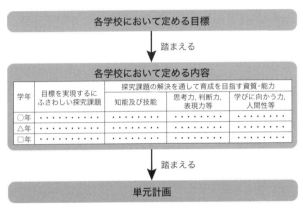

図2　目標と内容，単元計画の関係

Ⅱ 総合的な学習の時間の単元計画の作成の実際

　ここでは，単元計画を作成する際の基本的な手順について確認する。ただし，既に述べた通り，総合的な学習の時間の目標や内容は各学校が独自に設定することになっており，それに基づいて設定される単元計画も多様である。ここでは一般的なイメージとして単元計画の作成手順を示すこととしたい。

　単元計画の構成要素は様々あるが，以下は代表的なものである。

総合的な学習の時間の構成要素（例）

1　単元名

　総合的な学習の時間において，どのような横断的・総合的な学習や探究的な学習が展開されるかを一言で端的に表現したもの。総合的な学習の時間の単元名については，①児童生徒の学習の姿が具体的にイメージできる単元名にすること，②学習の高まりや目的を示唆できるようにすることに配慮することが大切である。

2　単元目標

　どのような学習活動を通して，児童生徒にどのような資質・能力を育成することを目指すのかを明確に示したもの。各学校が定める目標や内容を視野に入れ，中核となる学習活動を基に構成することが考えられる。なお，目標の表記については，一文で示す場合，箇条書きにする場合などが考えられる。

3　単元設定の理由

　なぜこの単元を設定したかについて，様々な要素からその設定理由を述べる。要素としては，①児童生徒の実態，②育成を目指す資質・能力，③教材，④教師の願い，⑤地域や学校の特色，⑥社会の要請，⑦学校研究課題との関連，⑧各教科等との関連等が挙げられる。

4　単元の評価規準

　「知識・技能」は，①概念的な知識の獲得，②自在に活用することが可能な技能の獲得，③探究的な学習のよさの理解の三つに関して作成することが考えられる。
　「思考・判断・表現」は，①課題の設定，②情報の収集，③整理・分析，④まとめ・表現の各過程で育成される資質・能力を児童生徒の姿として作成することが考えられる。
　「主体的に学習に取り組む態度」は，①自己理解・他者理解，②主体性・協働性，③将来展望・社会参画などについて育成される資質・能力を児童生徒の姿として作成することが考えられる。

5　単元の展開

　単元の展開では，目標を実現するにふさわしい探究課題，探究課題の解決を通して育成を目指す具体的な資質・能力，児童生徒の興味・関心を基に中核となる学習活動を設定する。活動内容や時間数，学習環境をより具体的に記述するとともに，それぞれの活動における指導のポイントや関連する教科等の学習内容，評価規準等についても示すことが求められる。

（文部科学省『今，求められる力を高める総合的な学習の時間の展開（小学校編）』2021年，92頁を参考に作成）

それでは，これらの構成要素を基に，知性，社会性，情動を育成に資する総合的な学習の時間の単元計画の作成の実際について，以下の事例[5]で明らかにしたい。

総合的な学習の時間の単元計画の事例

1 単元名　身近な衣類の大切さを地域に伝えよう（第6学年）

2 単元目標

　現代社会の洋服などの衣類の大量生産，大量廃棄の問題から，新たな衣類づくりやリサイクルなど持続可能な対策などについて調べたり，衣類づくりに関わる専門家や地域活性化に取り組む企業等と協働したりすることを通して，環境問題に配慮した持続可能な衣類づくりやリサイクルを守るためには，多くの方々の関わりや協力が必要であることを理解する。実生活の大切な「衣」の在り方について考えるとともに，学んだことを生かし，自らの生活や行動に生かそうとする心情や態度を育てる。

3 単元設定の理由

　児童は，自分たちが生活する中で大切な「衣」「食」「住」の様々なものを国外からの輸入に頼っていること，そして大量に廃棄されていることに気付いている。本単元では，「ものづくり」の探究課題の解決を通して，有限性や創造性の概念，探究の過程において必要な資質・能力，社会参画の心情や態度を育成したい。

4 単元の評価規準

観点	知識・技能	思考・判断・表現	主体的に学習に取り組む態度
評価規準	①現代の衣類づくりの課題や持続可能な衣類づくりの価値を理解している。(概念的な知識の獲得) ②課題に応じて，インタビューなどによる調査を，目的や場面に応じた方法で実施している。(自在に活用することが可能な知識・技能の獲得) ③自分や地域の人たちの「ものづくり」の重要性やそれに関わる素材の認識の高まりは，自分たちの生活との関係を探究的に学習してきたことの成果であると気付いている。(探究的な学習のよさの理解)	①客観的なデータや地域の実態を踏まえて課題を設定し，解決に向けた自分たちにできることを見通している。(課題の設定) ②課題の解決のために必要な情報を，調査する対象に応じた方法や内容を選択し収集している。(情報の収集) ③情報を取捨選択したり，複数の情報を比較したり，関連付けたりしながら，地域の人と協働して，課題の解決について考えている。(整理・分析) ④相手や目的に応じて，適切に表現したり，まとめたりしている。(まとめ・表現)	①「ものづくり」に関心をもち，自分自身の生活を見つめ直し，他者の考えを受け入れながら学び合おうとしている。(自己理解・他者理解) ②自分と異なる多様な意見や考えを生かしながら，自分の意思で他者と協働して課題解決に取り組もうとしている。(主体性・協働性) ③自分たちの未来社会をよりよくするために必要なことを考え，行動に移そうとしている。(将来展望・社会参画)

5 単元の展開（全70時間）

小単元名(時数)	ねらい・学習活動	知	思	態	評価方法
1 衣類の現在,過去,未来について考えよう (20時間)	・現代社会の衣類の大量生産,大量廃棄について考える。 ・保護者や地域の衣類に関わる方々に対して,衣類に対する意識調査を行う。 ・意識調査の結果を整理・分析して,身近な衣類の魅力や課題について明らかにする。 ・これまでの取組を振り返り,これから取り組む課題について考える。			②	・ワークシート ・行動観察
2 持続可能な衣類づくりについて具体的に考えよう (25時間)	・持続可能な衣類づくりのために自分たちにできることを考える。 ・専門家からアドバイスをもらいながら,自分たちでコットンを栽培する。 ・コットン栽培以外の持続可能な衣類づくりのための取組について考える。	②		①	・ワークシート
	・専門家の話や畑の見学を通して,持続可能な衣類づくりの現状や課題を分析する。 ・持続可能な衣類づくりを実現するために必要なことを考える。		③		・ワークシート ・レポート
3 自分たちが提案するオリジナルの衣類で地域に貢献しよう (25時間)	・持続可能な衣類づくりの価値を理解してもらうためのアイデアを考える。 ・専門家からアドバイスをもらいながら,より効果的な方法を考える。			①	・ワークシート ・行動観察
	・広く発信するための方法として,オリジナルの衣類づくりに取り組む。 ・衣類の制作や販売に必要な情報を収集する。 ・専門家や地元の商店,金融機関などから衣類の制作や販売に関するアドバイスを受ける。		②		・ワークシート ・行動観察
	・収集した情報やいただいたアドバイスを基に,商品の企画を練り直す。	①			・ワークシート ・企画書
	・衣類の販売を通して,持続可能な衣類づくりの価値を発信する。 ・自分たちが考える持続可能な衣類づくりを地域の人に提案する。		③	④	・成果物 ・行動観察 ・ワークシート
	・これからの生活の中で,学んだことをどう生かすかを考える。			③	・ワークシート

　まず，この単元計画が作成された背景について概説する。この単元計画の作成にあたって，教師は，学区に持続可能な衣類づくりに取り組んでいる専門家

や衣類のリサイクルに積極的に取り組んでいる企業等があることから，身近な衣類に関わる諸課題を探究課題とすることを考えた。身近な衣類に関わる諸課題が探究にふさわしいものであるかどうかを，図3のようにウェビングを作成して確認した。

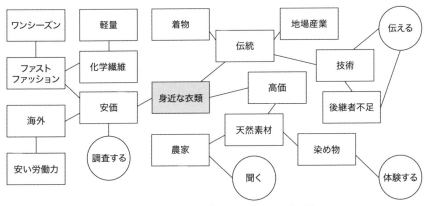

図3 身近な衣類に関わるウェビングの例

　ウェビングによって，身近な衣類の教材としての広がりや対象，そしてどのような活動が展開されるかが予測できる。ウェビングから，身近な衣類が，持続可能性に関する課題を抱えていること，それに関する調査や体験が十分にできることが確認でき，探究課題として適切であると判断した。
　続いて，2章で論じた総合的な学習の時間における知性，社会性，情動を育成するための学習指導に基づき，単元計画を作成する際のポイントを確認していきたい。

1　情動をかき立てられる探究課題や学習活動の設定

　一般的な教科の単元計画は，児童生徒が知識を獲得していく認知的な過程を柱にして作成される。一方で，藤井（2020）は，「子どもたちの意欲と自信を高めるためには，学習活動は密度の濃い情動の発生と展開の過程としても構想されること」[6]の重要性を指摘している。その上で，藤井は，このような情動が

発生するストーリーを生み出すための手立てを，単元計画等に示すことを提唱している[7]。ここでは，情動が発生するストーリーをどのように生み出すかについて論じたい。

　本単元を構想するに当たり，身近な衣類に関する課題を整理すると，おおよそ以下のようになる。

・大量生産・大量廃棄による自然環境や労働環境への高い負荷
・素材や労働力などの外国への過度な依存
・衣類の生産過程に対する人々の関心の薄さ
・地域の衣類づくりの取り組みに関する認知度の低さ

　この整理では，上の方は，よりグローバルで抽象的な課題を，下の方は，よりローカルで具体的な課題を示している。本単元では，最初によりグローバルで抽象的な課題を提示しながら，実際に取り組む活動は，ローカルで具体的なものとなっている。

　グローバルで抽象的な課題は，それだけでは児童の情動をかき立てるには力不足である。そのため，よりローカルで具体的な課題に児童が出会う単元計画が必要となる。ローカルで具体的な活動において，児童は地域の衣類づくりの課題，おしゃれな衣類と持続可能な衣類づくりの両立に関する課題などに直面することになる。ここでは，地元の衣類づくりに関わる専門家や地域活性化に取り組む企業等を巻き込みながら，課題解決に向けて取り組む単元を構想している。このように，児童にとってよりローカルで具体的な活動が，児童の情動を発生させるストーリーの構想には欠かせない。

　また，このようなストーリーによってかき立てられた情動を，児童自身がメタ認知できる指導や支援も必要となる。藤井（2020）は，情動のメタ認知を促す局面について，次の３点を挙げている。

①「振り返り」で学習活動において発生した情動についてメタ認知させる
②情動が発生した場面でメタ認知させる
③子どもが実感したい情動についてメタ認知させる[8]

　①の局面では，授業の「振り返り」において，児童自身が学習活動を通して，自分にどのような情動が発生し，それがどのように展開したのかを自覚させる支援をする。例えば，本単元では，「友達と意見を出し合うことで，自分だけでは思いつかないアイデアがたくさん生まれた」，「地域の専門家の方々は，こんなに地域の未来のことを考えているんだ」といった情動が考えられる。このような情動は，必ずしも児童が自覚しているとは限らないため，「振り返り」の場面を単元の中に適切に設定し，自覚化を促すことが大切となる。本単元では，すべての授業時間に「振り返り」の場面を設定している。

　②の局面では，教師が児童に生じた情動を捉え，それを表現できるように促す。本単元では，地域の課題の解決に向けて取り組む際に感じる「不安」や「緊張」，商品開発や地域への発信を通して感じる「喜び」や「達成感」など，自分の情動を自分の言葉で表現することへの支援が大切となる。

　③の局面では，児童が課題を達成することによって得られる情動を児童が実感できるようにする。このような情動が得られるようにするためには，授業ごとに児童が自己課題を明確にもち，それを達成できたかどうか，自分自身で振り返り，自己評価する場面が必要となる。本単元では，授業ごとに単元の目標に合った評価規準を設定しているが，これとは別に，児童自身が自己の課題を設定し，その達成についての自己評価を行う時間を毎時間設定している。

　このように，児童自身がメタ認知できる指導や支援を単元計画に合わせて設定していくことが重要である。

2　他者と積極的に関わり合ったり，協働的に学習したりする必然性のある学習活動の設定

　必然性のある学習活動には，適度な困難のある課題が不可欠である。ここでは，持続可能な衣類作りに関わる課題が，児童にとって適度な困難さであるか

どうか，という点が問われる。課題の難易度とその課題の特徴について整理すると，図4のようになる。

	課題の難易度	課題の特徴
高	極めて困難	・課題の見通しが立たない。
↑	適度な困難	・課題の解決の見通しは立つものの，一人の力では解決できず，他者との協働が不可欠。
低	極めて容易	・一人の力で課題を解決できる。

図4　課題の難易度とそれぞれの課題の特徴（筆者作成）

　さて，本単元の課題である「持続可能な衣類づくり」は，国内の農業問題や外国の労働問題といった極めて解決が困難な問題を孕む課題と言える。これらの問題の解決は，小学校の総合的な学習の時間の範囲では到底できるものではない。本単元では，衣類づくりが持続可能なものになっていないという問題に対して，地域の方が懸命に取り組んでいること，そして，そのような現状や地域の方の取組が，身近な人々にも十分認知されていないという課題を見出し，その解決に取り組む単元の展開を構想している。この課題の解決は，児童だけの力では困難であるが，児童が社会性を発揮させながら，地域の方を巻き込み，課題の解決に取り組む学習活動が展開されることが期待できるものとなっている。

3　「本質的な問い」の設定

　ウィギンズとマクタイ（McTighe & Wiggins, 2013）は，著書『本質的な問い』（*Essential Questions*）の中で，本質的な問いの条件として，以下の七つを挙げている。

　・オープンエンドであり，通常，単一の正解はない。
　・思考を誘発し，知的に（intellectually）魅力的であり，しばしば議論や討論を引き起こす。

> ・分析や，評価，推論などの高次の思考を誘発する。思い出すことだけでは効果的に答えることはできない。
> ・学問内（時には学問間）の重要で転移可能なアイデアを指し示す。
> ・さらなる問いを生み，より深い探究を引き起こす。
> ・答えそのものではなく，裏付けや根拠を必要とする。
> ・生涯に渡り，何度も問い直される。[9]

　本単元では，「持続可能な衣類づくりによってどのような社会が実現されるか」といった問いに迫ることが想定される。この問いは，上の七つの条件を満たす問いと考えることができる。

4　各教科等との関連を図る

　単元配列表を作成し，各教科等との関連を明らかにしたり，各教科等における単元計画や学習内容を見直したりすることで，教科横断的な知識やエピステミックな知識の獲得が期待できる。本単元では，課題の設定や課題の解決の場面において，理科の「生き物のくらしと環境」に関する学習や社会科の「市役所などの公共施設の場所と働き」に関する学習，家庭科の「環境に配慮した生活」に関する学習等で習得される知識や技能等が生かされることで，各教科等と有機的に関連することになる。さらに，これらの知識等がどのように活用されたのか，メタ認識的知識を働かせる場面を設定することで，手続的知識の獲得につながる。例えば，小単元ごとに，活用された教科等の知識や技能を児童生徒が自分自身で振り返るといった学習活動を取り入れることも考えられる。

　以上，4点について，単元計画を作成する際のポイントを確認した。このように，構想した単元計画が，知性，社会性，情動の育成に資するものになっているかどうかを確認し，必要に応じて単元計画を修正していくとよい。

III 資質・能力の評価

学習状況の評価は，教師にとっては，児童生徒にどのような資質・能力が身に付いたのかを明確にし，児童生徒の学習活動を改善するためにどのような指導・支援を行えばよいかを映し出す。また，児童生徒にとっても，自分の学習状況を把握し，自己を見つめ直すきっかけになったり，その後の学習や発達を促したりすることが期待できる。

育成を目指す資質・能力は，単元のあらゆる場面で活用・発揮されることが想定できる。しかし，あらゆる場面において，すべての児童生徒に対して，すべての観点で網羅的に評価することは不可能である。そのため，どの学習活動で，どのような観点で，どのような児童生徒の姿を評価するのか，といった評価の計画を，単元計画の中に適切に位置付けることが求められる。その際には，より多くの児童生徒にとってその資質・能力が活用・発揮される場面を判断し，その場面で期待される児童生徒の具体的な姿を想定する必要がある。

ここでは，本事例において期待される具体的な児童の姿について，小単元3（図5）を例に考えてみたい。

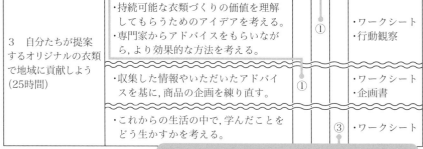

図5　小単元3の単元計画（抜粋）

1 知識・技能の評価

> 現代の衣類づくりの課題や持続可能な衣類づくりの価値を理解している。

　この観点が設定されているのは，持続可能な衣類づくりの価値を理解してもらうためのアイデアを考える学習場面である。ここでは，小単元1及び小単元2の学習を通して学んだ，持続可能な衣類づくりの価値を理解しているかを問う観点として設定している。

　持続可能な衣類づくりの価値は，一つに限定されるものではない。学習指導要領解説では，以下の六つの概念的な知識が想定されている。

> ・それぞれには特徴があり，多種多様に存在している（多様性）
> ・それぞれに違いがあり，個別のよさをもっている（独自性）
> ・互いに関わりながらよさを生かしている（相互性）
> ・力を合わせ，目的の実現に向けて取り組む（協働性）
> ・物事には終わりがあり，限りがある（有限性）
> ・新しいものを創り出し，生み出していく（創造性）[10]

　この概念的な知識を踏まえると，例えば，以下のような持続可能な衣類づくりの価値の理解を想定することができる。

> ・持続可能な衣類づくりは，地球規模の環境問題や労働問題の解決につながっている（相互性）
> ・地域や社会の様々な人が支え合い，協力し合うことで，持続可能な衣類づくりが実現される（協働性）
> ・資源やエネルギー，労働力は有限であり，持続可能な衣類づくりが社会を支えることにつながる（有限性）
> ・持続可能な衣類づくりは，地域の魅力や新しい価値を生み出すことにつながっている（創造性）

このような概念的な知識が獲得された児童の姿を考えてみたい。例えば，以下の振り返りは，企画書に，「自然を守る，人を守る，未来を守る，〇〇の服」というキャッチフレーズを販売用のチラシに入れる，というアイデアを書いた児童のワークシートへの振り返りの記述である。

> 　ゲストティーチャーの〇〇さんには，何のためにその商品を企画するのか，誰に向けてどんなことを発信したいのかを明確にするようアドバイスをいただきました。私は，この地域でずっと天然の素材にこだわって服作りに取り組んでいる〇〇さんや，〇〇さんのためにコットンの栽培を続けている△△さんという，目立たないけどこの地域で大きな社会のことを考えて活動している方々の思いを，まずは地域の方に発信したいと思い，オリジナルの服の企画を考えました。

　振り返りの記述と，実際に考えたアイデアから，この児童が協働性に関する概念的な知識を獲得していることが読み取れる。あくまで，これは一例であり，概念的な知識を獲得している児童の姿は多様に想定することができる。

2　思考・判断・表現の評価

> 　客観的なデータや地域の実態を踏まえて課題を設定し，解決に向けた自分たちにできることを見通している。

　この観点が設定されているのは，小単元3の最初，持続可能な衣類づくりの価値を理解してもらうためのアイデアを考える学習場面である。

　課題の設定に関する思考力，判断力，表現力等については，小単元1や小単元2の冒頭においても活用・発揮されることが想定できるが，本事例では，小単元1及び小単元2で獲得した知識等を基に，確かな見通しをもって課題を解決するための計画を立てることが期待されるこの学習場面に，思考・判断・表現の観点を設定している。

　課題の設定に関する思考力，判断力，表現力等が活用・発揮されている児童

の姿としては，例えば，以下のような振り返りの記述が考えられる。

> 　地域で作られたコットンを使い，私たちのメッセージを入れたオリジナルの服を作りたいです。そして，メッセージの内容だけでなく，デザインも工夫したいです。なぜかというと，私たちの家族や地域の方は，おしゃれには関心はあっても，その衣類がどこでどのように作られているのかということにはあまり関心がないので，おしゃれなデザインの中にメッセージを入れれば，そこから服のことにもっと関心をもってもらえるのではないかと思ったからです。そのためには，どんなメッセージを入れるか，クラスのみんなで話し合って決めたいです。○○さんや△△さんにも聞いてみたいです。また，デザインを考えるときには，デザインのプロの方にも協力をしてもらいたいです。

　この児童のアイデアは，自分たちのメッセージを入れたオリジナルの服を作るというものであるが，「デザインやメッセージの内容をどうするか」という課題を設定している。そして，その課題の解決のために，服作りやコットン作りに取り組んでいる地域の方やデザインのプロの方の協力が必要であることを見通していることが読み取れる。

3　主体的に学習に取り組む態度の評価

　本単元の主体的に学習に取り組む態度の観点について論じる前に，主体的に学習に取り組む態度とはどのような児童の姿を評価するものなのか，簡単に論じておきたい。この観点は，育成を目指す資質・能力における「学びに向かう力，人間性等」を評価するものであるが，この観点について，国立教育政策研究所教育課程研究センターが刊行している『「指導と評価の一体化」のための学習評価に関する参考資料』は，以下の二つの側面で評価することを求めている。

> ①　知識及び技能を獲得したり，思考力，判断力，表現力等を身に付けたりすることに向けた粘り強い取組を行おうとしている側面
> ②　①の粘り強い取組を行う中で，自らの学習を調整しようとする側面[11]

これらの「粘り強さ」や「学習の調整」の側面は，２章でも論じているように，「情動知能」と深く関わるものである。

　さて，このような個人の内面とも言える情動知能を，他者が評価することが適当なのか，という点については，議論の余地がある。評価を査定として捉える，すなわち，客観的かつ一方的に教師が児童生徒を測定することを評価の目的として捉えるのであれば，情動を他者が評価するということについては慎重になるべきだろう。一方で，児童生徒のよさを見付けたり，学習や指導の改善につなげたりしていく評価として捉えるのであれば，積極的に評価し，また支援してくことが重要となる。ここでは，評価を後者のように解釈していることを確認し，論を進めていきたい。

　小単元３では，主体的に学習に取り組む態度の評価規準として，以下の児童の姿を想定している。

　自分たちの未来社会をよりよくするために必要なことを考え，行動に移そうとしている。

　この観点の評価規準は，情動知能の自己管理と深く関わっている。１章でも論じているように，自己管理は今日最も注目されている情動知能である。まずは，この観点について，自己管理の視点から分析的に捉え，その評価の在り方について考えることとしたい。

　自己管理は，目標を立て，どのように遂行するかを決め，それを実行に移したり，現在の進捗状況をモニタリングしたりと，目標に関わる幅広い行動を含む包括的な概念である[12]。上の評価規準は，「自分たちの未来社会をよりよくする」（目標を立てる），「必要なことを考える」（どのように遂行するかを決める），「行動に移そうとしている」（実行に移す）と，自己管理の概念がほとんど当てはまることが分かるだろう。

　さて，この観点が設定されているのは，本単元の終末にあたる学習場面である。将来展望や社会参画に関する主体的に学習に取り組む態度は，単元のあらゆる場面で表出されるものと考えられるが，これからの生活の中で学んだこと

をどう生かすかを考える場面が，自分たちの未来社会をよりよくするために必要なことを考え，行動に移そうとする児童の姿が期待できる最適な場面だと考えられる。

　将来展望や社会参画に関する主体的に学習に取り組む態度が表出されている児童の姿としては，例えば，以下のような振り返りの記述が想定される。

　オリジナルの服を地域の人たちに提案することができました。私たちの提案を，みなさんが真剣に聞いてくれてうれしかったです。○○さんや△△さんの思いも伝わったのではないかと思います。
　でも，オリジナルの服を作ることはゴールではありません。まだまだ国産のコットンで作る服は値段が高いので，誰もが買うことのできるものにはなっていません。もっと手軽に買えるようにするためには，人々の意識を変えることや生産者を守る制度を考えることも必要だと分かりました。また，このような取組を，もっと日本中に広めていくことも大切だと思います。今回の取組はこれで終わりですが，これからは，行政の方や地域の方に協力をお願いして，もっといろいろなことを実現していきたいです。

　この児童の振り返りからは，「このような取組を，もっと日本中に広めていく」という目標を立てる言葉，「もっと手軽に買えるようにするためには，人々の意識を変えることや生産者を守る制度を考えることも必要」というどのように遂行するかを決める言葉，そして，「これからは，行政の方や地域の方に協力をお願いして，もっといろいろなことを実現していきたい」という実行に移す言葉を確認できる。これらからは，オリジナルの服作りを通して感じた持続可能な服作りの課題の解決に向けて社会参画していこうとする強い意志が読み取れる。

　なお，このような資質・能力は，この単元において課題を設定し，その解決に向けて取り組む探究のプロセスによって育成されているものと考えられる。本事例では，単元の終末にこの観点を評価することとしているが，ここに至るまでの過程において，探究のプロセスに関する形成的な評価と適切な指導が行われること，そして，この学習活動においても，児童の資質・能力の育成状況に応じて指導を見直すことが重要である。

4 評価の総括

　総合的な学習の時間の評価結果の総括[13]については,「小学校,中学校,高等学校及び特別支援学校等における児童生徒の学習評価及び指導要録の改善などについて(通知)」に,「総合的な学習(探究)の時間の記録については,この時間に行った学習活動及び各学校が自ら定めた評価の観点を記入した上で,それらの観点のうち,児童の学習状況に顕著な事項がある場合などにその特徴を記入する等,児童(生徒)にとってどのような力が身に付いたかを文章で端的に記述すること」[14]とされている。例えば,本事例における評価の総括の記述としては,次のようなものが考えられる。

学年	学習活動	観点	評価
6	身近な衣類の大切さを地域に伝えよう	知識・技能 思考・判断・表現 主体的に学習に取り組む態度	持続可能な衣類づくりに取り組む活動を通して,地域の様々な人が支え合い,協力し合っていることを理解した。また,メッセージを込めた服作りに見通しをもって取り組み,地域の課題の解決のために自分ができることを考え,積極的に地域や社会に関わろうとする態度が見られた。

　評価結果の総括にあたっては,単なる活動の記述とならないように留意するとともに,身に付いた資質・能力について,それぞれの評価の場面での見取りを基にして,観点に偏りがないようバランスを意識することが求められる。そのためには,本事例のように,学習活動に合わせて評価の観点を適切に位置付け,計画的に評価を行っていく必要がある。そうすることが,すべての児童生徒の知性や社会性・情動を一体的に育成することにつながる。

おわりに

　本章では,総合的な学習の時間で育成を目指す資質・能力の育成に資する単元計画の作成について,知性,社会性,情動の視点を踏まえて論じてきた。ここで論じてきたように,単元計画は学年や学校で独自に作成できるものではなく,学校教育目標を踏まえて設定した各学校の総合的な学習の時間の目標及び内容に基づく必要がある。つまり,各学校において,どのような児童生徒の育

成を目指すのかということを，資質・能力レベルで検討することが求められる。これまで，学級や学年で教師の裁量で独自に進められてきた総合的な学習の時間について，今後は一層組織的かつ計画的に取り組んでいくことが必要だろう。

　その上で，一人一人の教師が適切に単元計画を作成する力を備えることも求められる。児童の実態に応じて育成を目指す資質・能力を検討し，教材の価値を見極め，探究課題を決め，単元を構想する。そして，児童生徒に身に付いた資質・能力を明確にし，学習活動の改善に生かすための評価の計画も求められる。ここで求められる教師の力量は，総合的な学習の時間に限らず，あらゆる教科等における授業を構想する力にも通ずるものである。

　これまで，多くの教科では，他者（多くの場合は教科書会社，あるいは各地域のカリキュラム作成委員会など）が作成した単元計画に沿って授業をすることが一般的であった。総合的な学習の時間はそれを許さず，そのことが教師にとっては負担感を増大させたり，授業に対する苦手意識を植え付けたりすることにつながっていたようにも思われる。しかし，今回改訂された学習指導要領は，各教科等においても「探究」を求めており，それを実現するためには，借り物の単元計画では対応できないのは明らかである。それゆえ，今後は教師の自律的で創造的な営みが一層求められるだろう。

　このように考えると，知性や社会性，情動が最も必要とされるのは，教師なのかもしれない。各学校の総合的な学習の時間の目標の検討，単元計画の作成，そして授業実践と評価という一連の営みは，極めて知性的で社会的で，そして情動が揺さぶられる創造的な取組である。そのようにして生まれた単元計画の基で展開される総合的な学習の時間の授業が，児童生徒の資質・能力を確かに育成するのではないだろうか。

（加藤　智）

【付記】
本章は，下記の論文を加筆・修正したものである。
加藤智「総合的な学習の時間における単元計画の作成に関する一考察」愛知淑徳大学教育学会『学び舎：教職課程研究』第 18 号，2023 年，9 ～ 23 頁。

【注】

1) 文部科学省『小学校学習指導要領（平成 29 年告示）解説　総合的な学習の時間編』東洋館出版社，2017 年 a，89 頁。

2) 文部科学省『小学校学習指導要領（平成 29 年告示)』東洋館出版社，2017 年 b，18〜19 頁。

3) この事例は，以下で詳しく紹介している。
加藤智「総合的な学習の時間の改訂の要点『目標の改善』のポイント」生活科教育研究会『生活・総合の探究』研究大会号 No.123，2021 年，6〜7 頁。

4) 文部科学省（2017a），上掲書，77 頁。
文部科学省『中学校学習指導要領（平成 29 年告示）解説　総合的な学習の時間編』東洋館出版社，2017 年 c，73〜74 頁。
文部科学省『高等学校学習指導要領（平成 30 年告示）解説　総合的な探究の時間編』東洋館出版社，2018 年，90 頁。

5) この事例は，大関真英教諭（新宿区立落合第三小学校）から提供を受けた単元計画を加筆修正したものである。

6) 藤井千春『問題解決学習で育む「資質・能力」——誠実な対話力，確かな情動力，互恵的つながり力——』明治図書，2020 年，74 頁。

7) 同上書，74 頁。

8) 同上書，76〜79 頁。

9) McTighe, J. & Wiggins, G., *Essential Questions: Opening Doors to Student Understandings*. Alexandria, Association for Supervision and Curriculum Development, 2013, p.3.

10) 文部科学省（2018），上掲書，91〜92 頁。
なお，小学校及び中学校の学習指導要領解説には，「多様性」，「相互性」，「有限性」のみが示されている。

11) 国立教育政策研究所教育課程研究センター『「指導と評価の一体化」のための学習評価に関する参考資料』第 1 編総説（全教科・学校種共通），2020 年。

12) 小塩真司編著『非認知能力——概念・測定と教育の可能性——』北大路書房，2021 年，46 頁。
ここでは自己制御と自己管理（自己コントロール）が合わせて論じられている。

13) 評価結果の総括については，国立教育政策研究所教育課程研究センター『「指導と評価の一体化」のための学習評価に関する参考資料』（2020 年）が詳しく説明しており，本稿もこの記述を参考にしている。

14) 文部科学省，「小学校，中学校，高等学校及び特別支援学校等における児童生徒の学習評価及び指導要録の改善等について（通知）」〔別紙 1・2・3〕平成 31 年 3 月 29 日，2019 年。

小学校学習指導要領

第5章　総合的な学習の時間

（平成29年3月）

第1　目標

探究的な見方・考え方を働かせ，横断的・総合的な学習を行うことを通して，よりよく課題を解決し，自己の生き方を考えていくための資質・能力を次のとおり育成することを目指す。

(1) 探究的な学習の過程において，課題の解決に必要な知識及び技能を身に付け，課題に関わる概念を形成し，探究的な学習のよさを理解するようにする。

(2) 実社会や実生活の中から問いを見いだし，自分で課題を立て，情報を集め，整理・分析して，まとめ・表現することができるようにする。

(3) 探究的な学習に主体的・協働的に取り組むとともに，互いのよさを生かしながら，積極的に社会に参画しようとする態度を養う。

第2　各学校において定める目標及び内容

1　目標

各学校においては，第1の目標を踏まえ，各学校の総合的な学習の時間の目標を定める。

2　内容

各学校においては，第1の目標を踏まえ，各学校の総合的な学習の時間の内容を定める。

3　各学校において定める目標及び内容の取扱い

各学校において定める目標及び内容の設定に当たっては，次の事項に配慮するものとする。

(1) 各学校において定める目標については，各学校における教育目標を踏まえ，総合的な学習の時間を通して育成を目指す資質・能力を示すこと。

(2) 各学校において定める目標及び内容については，他教科等の目標及び内容との違いに留意しつつ，他教科等で育成を目指す資質・能力との関連を重視すること。

(3) 各学校において定める目標及び内容については，日常生活や社会との関わりを重視すること。

(4) 各学校において定める内容については，目標を実現するにふさわしい探究課題，探究課題の解決を通して育成を目指す具体的な資質・能力を示すこと。

(5) 目標を実現するにふさわしい探究課題については，学校の実態に応じて，例えば，国際理解，情報，環境，福祉・健康などの現代的な諸課題に対応する横断的・総合的な課題，地域の人々の暮らし，伝統と文化など地域や学校の特色に応じた課題，児童の興味・関心に基づく課題などを踏まえて設定すること。

(6) 探究課題の解決を通して育成を目指す具体的な資質・能力については，次の事項に配慮すること。

　　ア　知識及び技能については，他教科等及び総合的な学習の時間で習得する知識及び技能が相互に関連付けられ，社会の中で生きて働くものとして形成されるようにすること。

　　イ　思考力，判断力，表現力等については，課題の設定，情報の収集，整理・分析，まとめ・表現などの探究的な学習の過程において発揮され未知の状況において活用できるものとして身に付けられるようにすること。

　　ウ　学びに向かう力，人間性等については，自分自身に関すること及び他者や社会との関わりに関することの両方の視点を踏まえること。

(7) 目標を実現するにふさわしい探究課題及び探究課題の解決を通して育成を目指す具体的な資質・能力については，教科等を越えた全ての学習の基盤となる資質・能力が育まれ，活用されるものとなるよう配慮すること。

第3　指導計画の作成と内容の取扱い

1　指導計画の作成に当たっては，次の事項に配慮するものとする。

(1) 年間や，単元など内容や時間のまとまりを見通して，その中で育む資質・能力の育成に向けて，児童の主体的・対話的で深い学びの実現を図るようにす

ること。その際，児童や学校，地域の実態等に応じて，児童が探究的な見方・考え方を働かせ，教科等の枠を超えた横断的・総合的な学習や児童の興味・関心等に基づく学習を行うなど創意工夫を生かした教育活動の充実を図ること。

(2) 全体計画及び年間指導計画の作成に当たっては，学校における全教育活動との関連の下に，目標及び内容，学習活動，指導方法や指導体制，学習の評価の計画などを示すこと。

(3) 他教科等及び総合的な学習の時間で身に付けた資質・能力を相互に関連付け，学習や生活において生かし，それらが総合的に働くようにすること。その際，言語能力，情報活用能力など全ての学習の基盤となる資質・能力を重視すること。

(4) 他教科等の目標及び内容との違いに留意しつつ，第1の目標並びに第2の各学校において定める目標及び内容を踏まえた適切な学習活動を行うこと。

(5) 各学校における総合的な学習の時間の名称については，各学校において適切に定めること。

(6) 障害のある児童などについては，学習活動を行う場合に生じる困難さに応じた指導内容や指導方法の工夫を計画的，組織的に行うこと。

(7) 第1章総則の第1の2の（2）に示す道徳教育の目標に基づき，道徳科などとの関連を考慮しながら，第3章特別の教科道徳の第2に示す内容について，総合的な学習の時間の特質に応じて適切な指導をすること。

2 第2の内容の取扱いについては，次の事項に配慮するものとする。

(1) 第2の各学校において定める目標及び内容に基づき，児童の学習状況に応じて教師が適切な指導を行うこと。

(2) 探究的な学習の過程においては，他者と協働して課題を解決しようとする学習活動や，言語により分析し，まとめたり表現したりするなどの学習活動が行われるようにすること。その際，例えば，比較する，分類する，関連付けるなどの考えるための技法が活用されるようにすること。

(3) 探究的な学習の過程においては，コンピュータや情報通信ネットワークなどを適切かつ効果的に活用して，情報を収集・整理・発信するなどの学習活動が行われるよう工夫すること。その際，コンピュータで文字を入力するなどの学習の基盤として必要となる情報手段の基本的な操作を習得し，情報や情

報手段を主体的に選択し活用できるよう配慮すること。

(4) 自然体験やボランティア活動などの社会体験，ものづくり，生産活動などの体験活動，観察・実験，見学や調査，発表や討論などの学習活動を積極的に取り入れること。

(5) 体験活動については，第1の目標並びに第2の各学校において定める目標及び内容を踏まえ，探究的な学習の過程に適切に位置付けること。

(6) グループ学習や異年齢集団による学習などの多様な学習形態，地域の人々の協力も得つつ，全教師が一体となって指導に当たるなどの指導体制について工夫を行うこと。

(7) 学校図書館の活用，他の学校との連携，公民館，図書館，博物館等の社会教育施設や社会教育関係団体等の各種団体との連携，地域の教材や学習環境の積極的な活用などの工夫を行うこと。

(8) 国際理解に関する学習を行う際には，探究的な学習に取り組むことを通して，諸外国の生活や文化などを体験したり調査したりするなどの学習活動が行われるようにすること。

(9) 情報に関する学習を行う際には，探究的な学習に取り組むことを通して，情報を収集・整理・発信したり，情報が日常生活や社会に与える影響を考えたりするなどの学習活動が行われるようにすること。第1章総則の第3の1の(3)のイに掲げるプログラミングを体験しながら論理的思考力を身に付けるための学習活動を行う場合には，プログラミングを体験することが，探究的な学習の過程に適切に位置付くようにすること。

執筆者 ────────────────────────────────────

■ 中野　真志　愛知教育大学教授 ……………………………………… 第 1 章
■ 加藤　　智　愛知淑徳大学准教授 ……………………………………… 第 2・8 章
■ 岡田　直俊　豊川市立八南小学校教諭 ……………………………… 第 7 章
■ 金津　琢哉　東海学園大学教授 ………………………………………… 第 5 章
■ 行田　　臣　豊川市立御津南部小学校教諭 ……………………… 第 4 章
■ 白井　克尚　愛知東邦大学准教授 ……………………………………… 第 3 章
■ 中村　仁志　岡崎女子大学助教 ………………………………………… 第 6 章

(所属等は 2023 年 3 月 20 日現在)

編　者

■ 中野　真志（なかの　しんじ）

大阪市立大学大学院文学研究科（教育学専攻）
博士課程単位取得退学
現　在　愛知教育大学生活科教育講座教授・文学博士
　　　　日本生活科・総合的学習教育学会副会長

■ 加藤　　智（かとう　さとし）

愛知教育大学大学院教育学研究科（学校教育専攻生活科教育分野）
修士課程修了
現　在　愛知淑徳大学文学部教育学科准教授
　　　　文部科学省初等中等教育局教育課程課教科調査官（兼任）
　　　　国立教育政策研究所教育課程調査官（兼任）

資質・能力時代の総合的な学習の時間
── 知性と社会性と情動のパースペクティブ

2023年3月20日　初版発行

編　著　　中野　真志
　　　　　加藤　智
発行所　　株式会社　三恵社
　　　　　〒462-0056 愛知県名古屋市北区中丸町 2-24-1
　　　　　TEL 052-915-5211　FAX 052-915-5019
　　　　　URL https://www.sankeisha.com